OMOLOKÔ:
Uma naçáo

Dados Internacionais de Catalogação na Publicação (CIP)
(Câmara Brasileira do Livro, SP, Brasil)

D'Òsósì, Tata Gilberto
   Omolokô : uma nação / Tata Gilberto D'Òsósì
(Òdé Karofagi) . -- São Paulo : Ícone, 2010.

   Bibliografia
   ISBN 978-85-274-1070-0

   1. Umbanda (Culto) 2. Umbanda (Culto) -
História I. Título.

09-10464   CDD-299.672

        Índices para catálogo sistemático:

   1. Umbanda Omolokô : Religiões afro-brasileiras
      299.672

Tata Gilberto d'Òsósì
(Òdé Karofagi)

OMOLOKÔ:
Uma nação

1ª edição
Brasil – 2010

Ícone
editora

Projeto Gráfico da Capa: Richard Veiga

Diagramação: Spress Fotolito

Revisão: Sandra Santos

Todos os direitos reservados pela:
ÍCONE EDITORA LTDA.
Rua Anhanguera, 56 – Barra Funda
CEP 01135-000 – São Paulo – SP
Tel./Fax.: (11) 3392-7771
www.iconeeditora.com.br
e-mail: iconevendas@iconeeditora.com.br

Homenagens

- À **Zambi Apongô**, pela dádiva da vida.
- Ao meu bacuro: **Madé (Óxossi)**, pois clareou o meu **Elemí**.
- Ao meu zelador de santo: **Tancredo da Silva Pinto (Tancredo de Óxossi)**, responsável pela minha iniciação e por sua garra, obstinação e dedicação aos cultos e à cultura afro-brasileira.
- À minha mãe carnal e zeladora de santo: **Nginja Delfina de Oxalá**, – você se foi, mas seu legado é eterno –, saudades...
- À minha madrinha **Lídia de Naná (Zumbarandá ou Querequerê)** – responsável pelo meu santo e uma guerreira. Em prol das coisas sagradas e religiosas.
- Aos meus irmãos de santo, filhos e filhas de santo, amigos, afilhados – obrigado pelo carinho e pelo incentivo.
- Ao amigo Fernando Moretti (revista Orixás) – pelo incentivo e pela força a mim dada.
- Editora Ícone por acreditar.
- Elayne Mara (**Elayne de Oxalá e Yemanjá**), pelo apoio e pelas fotos.
- E à Elisângela Sucupira (**Elisângela de Oxalá**) e Reinaldo Junior (**Reinaldo de Óxossi**) pelo apoio na digitação.

Que **Madé (Óxossi)** e **Zambi** nos deem uré uré degrè e muito axé !!!!

Apresentação

Queridos irmãos:

É com um imenso orgulho que entrego a vocês esses Ensinamentos; pode não ser muito, mas está dentro de nossos princípios e tradições que a mim foram passados pela minha querida e saudosa mãe: **Nginja Delfina de Oxalá** e também pelo meu saudoso pai e **Tata Tí Ínkice Tancredo de Óxossi (Tancredo da Silva Pinto).**

Ensinamentos estes que contém alguns dos segredos do omolokô (lunda-kioko).

Espero que todos tirem proveito dos ensinamentos contidos nessas pesquisas. Pois foi um apanhado de muitos anos, e para que eu pudesse passar para o papel tive diversos colaboradores aos quais eu agradeço pela ajuda, pelo incentivo, pelo carinho e pela dedicação; que nossos **Bacuros, Ínkices, Voduns e Orixás** possam nos cobrir sempre mais com o ala sagrado e com a dádiva da sabedoria.

Que esses ensinamentos possam auxiliá-los nessa longa jornada, para que possamos continuar hasteando a bandeira branca da religiosidade afro (omolokô e da umbanda). Que nossos caminhos sejam cobertos de flores, para que possamos preencher as lacunas existentes em nossas vidas, nos inebriando e rebuçando nosso existir com seu perfume de sabedoria e que possamos fazer de nossa existência um segmento no qual prevaleça o trinômio: **amor – caridade – humil-dade.** Que trilhemos um caminho de fé, de compaixão e de caridade lembrando sempre que a caridade começa dentro de nossos lares com nossos entes queridos. Que nesse caminho você consiga levar nossa religião como ela é, um laço de amor, de união, sem demagogias sem falsos olhares e sem meios abraços.

Espero que esses ensinamentos contenham respeito e amor, caridade e dedicação de cada filho, irmão e ou simpatizante da religião de matriz africana, conscientizando que o ódio, inveja e intriga são anomalias e/ou sentimentos que nos destroem e um pouco de pé no chão não faz mal a ninguém.

"Que nossos Orixás, que são os donos do axé, nos cubram com o alá da paz!"

Tata Gilberto d'Óxossi **(Òdé Karofagi)**

Dedicatória

Aos meus irmãos:
– Álvaro Tobias
– Maria Rosária
– Maria Abadia

Ao meu cunhado:
– Antonio Jorge

Aos meus sobrinhos:
– Breno
– Álvaro
– Danielle

Aos meus filhos:
– Karolina
– Annelize
– Kauê

À minha esposa:
– Elayne Mara

Aos meus pais:
– Waldemar e Delfina (*in memorian*)

\# Pode não parecer, mas todos vocês são razóes bastante fortes para o meu viver e meu caminhar !!!!!

Gilberto Antônio Silva
Gilberto d'Óxossi

Índice

Introdução

O culto omolokô em Minas Gerais:

A nossa religiosidade é muito complexa e miscigenada, por isso farei um preâmbulo antes de entrar nos cultos lunda-kioko (omolokô). Em primeiro lugar é preciso lembrar que a origem da palavra **umbanda** é **kimbundu** = arte de curar ou medicina. É fato que, ao chegar no Brasil, a umbanda passou por uma nova fase, como também passaram as etnias oriundas da África (sudanesa e bantu). A transformação ocorreu devido à necessidade de adaptação de várias circunstâncias regionais como ações energéticas em pontos diferentes, a dificuldade de encontrar os minerais (otás) e vegetais (ervas), conhecidos pelos negros bantus em sua terra de origem (estamos falando em bantus, porque estamos nos situando em Minas Gerais). Como se não bastasse, à umbanda também sofreu os efeitos naturais da miscigenação devida à convivência forçada com outros povos e raças de cultura e costumes bastante diferentes (índios, europeus e asiáticos).

A umbanda tem sua origem na África, mas atingiu um ponto muito alto no Brasil. Entre as razões do crescimento de sua prática estão a distância do seu país de origem, a opressão do branco colonizador, a constante perseguição incentivada pelo clero. Tudo isso fez com que surgisse uma natural e necessária **união** para minimizar os sofrimentos dos negros e oferecer-lhes condições apropriadas para a continuidade de suas práticas religiosas umbandistas.

Claro que a busca de espaço fez com que os primeiros umbandistas fossem "aparentemente transigentes", aceitando até o sincretismo religioso. Devido a essa consciência "adaptável", as práticas religiosas de origem africana foram tomando características diferentes, mas sem afastá-los de suas tradições religiosas. No começo eram tachados de macumba, feitiçaria e seus praticantes proibidos de entrar nas igrejas. Em Belo Horizonte, o arcebispo Dom Antônio dos Santos Cabral foi um dos que impediu durante muito tempo a integração do "**congado**" à festa religiosa católica. Em Divinópolis (MG), os negros se uniram para construir uma igreja própria, desvinculada da hierarquia católica e continuaram a realizar suas festas junto a imagens sempre veneradas como **Santa Efigênia, São Benedito, São Domingos, São Francisco**, e **Nossa Senhora** sob suas várias denominações.

Um detalhe importante precisa ser ressaltado no desenvolvimento dos cultos afro-brasileiros e especialmente da umbanda em Minas. Em razão do ouro e da civilização urbana ali existente, Minas Gerais abrigou um grande contingente de negros. Essa população negra vivia sua espiritualidade e, simultaneamente, sua situação de escravo mesmo com a proclamação do "**13 de maio**" e só a aproximação com a divindade e a intermediação com aqueles que já se foram geravam a luz compensatória para seus problemas e dores. Isso explica a proliferação da macumba e da umbanda (nomes que começaram a ser usados no estado a partir de 1930). A umbanda mineira sofreu importantes influências como o catolicismo tradicional, popular e marcante, que convivia com as macumbas de Minas. Outra influência foi a do espiritismo, que se ajustou bem ao culto dos mortos, herança cultural da maior parte dos negros de Minas Gerais, principalmente os vindos do sudoeste da África. A ideia espírita de reencarnação encontrou um terreno fértil entre os primeiros umbandistas mineiros, conhecidos como jongueiros e macumbeiros (que tocavam a macumba) e havia também uma mistura entre a religião e a dança - lazer - religião. Hoje, a cultura popular mineira, cheia de mitos, histórias de assombrações são provas incontestáveis de influências espirituais, sejam de etnia branca ou negra.

A palavra umbanda só veio a ser empregada em Minas como sinônimo de grupo religioso no final da década de 1920 e início da década de 1930. A predominância até então era da palavra macumba. Nesse tempo, os praticantes desse culto afro-brasileiro enfrentavam a mais severa perseguição policial. Macumba era caso de polícia. Quem a praticasse era preso e seu material (classificado como **despacho**) confiscado pela polícia.

A capital de Angola (que foi colônia portuguesa de 1482-1975) é Luanda. O país exporta petróleo, diamantes, pescado, tem 11 milhões de habitantes que vivem num clima tropical, falam o Português (língua oficial e professam a religião católica.

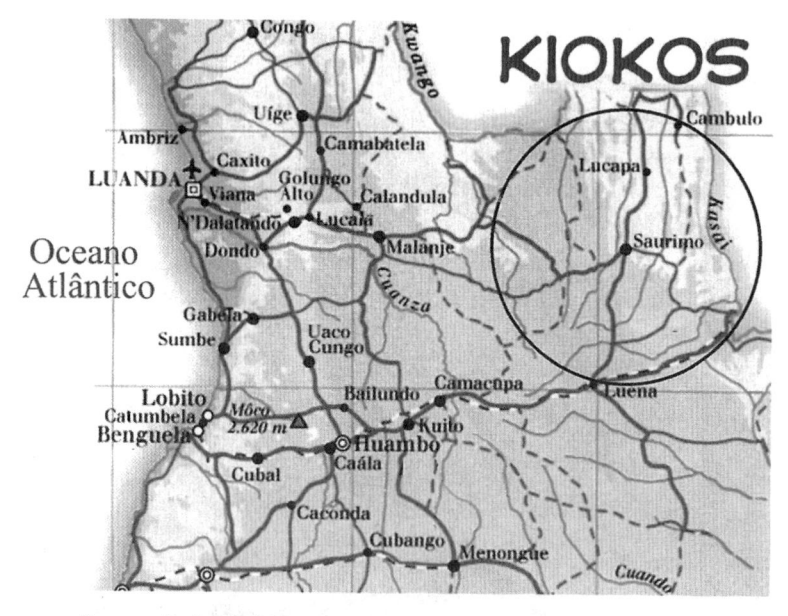

O povo kioko habitava a região entre os rios Kuango e Kasai, na província de Lunda Sul, cuja cidade principal é Saurimo ou Vila de Henrique de Carvalho.

A umbanda desponta

As práticas afro-brasileiras, em Minas Gerais, sofreram durante o século XX uma repressão bem maior do que no tempo da colônia e do império.

Não se sabe qual foi o primeiro centro ou terreiro de Belo Horizonte, mas no livro de Abílio Barreto sobre a "**história da capital de minas**" há referências a grupos religiosos espíritas na primeira década do século XX. Para sanar a dúvida se os centros eram kardecistas ou não, o livro fala em kardecistas e espíritas, distinguindo uns dos outros. Podemos concluir com boa margem de certeza que os "**espíritas**" aos quais o livro se refere são os centros de umbanda. Parece que os primeiros centros umbandistas nasceram na zona da mata e triângulo mineiro, em razão das minas, na fronteira do Rio de Janeiro e de São Paulo, embora ao norte de Minas, na fronteira com a Bahia, haja grupos religiosos de origem africana. Entretanto, nesse caso, a semelhança com os candomblés de caboclos é maior do que com a umbanda.

Em Belo Horizonte, os centros começaram a proliferar nos anos de 1940 e ficavam em bairros populares como Lagoinha, Concórdia, Cachoeirinha, Pedreira Prado Lopes. Há uma certa coincidência entre esse crescimento e o surgimento de grupos negros de inspiração política como associação José de Patrocínio, da Concórdia. Esses grupos políticos e religiosos sofreram perseguições policiais. Políticos foram acusados de comunistas e os religiosos receberam a pecha de macumbeiros e feiticeiros.

O que acontecia na capital também ocorria no interior e foi a duras penas que os umbandistas mineiros resistiram. É bom lembrar que até os anos de 1950 os cultos afro-brasileiros em Minas não sofriam praticamente nenhuma influência do candomblé baiano. Sua base religiosa residia inteiramente na trindade: preto velho + menino de Angola + caboclo. O Exu neles figurava como um elemento integrado a todos os cultos. Fator universal de síntese de todas tendências.

Umbanda, candomblé e omolokô

Foi na década de 1950 que os Orixás e os cultos de candomblé começaram a chegar em Minas Gerais (Belo Horizonte). Com a influência de Tancredo da Silva Pinto, começou a crescer, em Minas Gerais, o omolokô, um candomblé que assimila em seu culto e ritual, uma boa parcela da influência da umbanda.

Na década de 1950 ocorre também o nascimento de entidades que procuram reunir centros e terreiros à **federação espírita umbandista do estado de Minas Gerais** e à confederação. Nos anos de 1960 nasceu a **unafro**, mas durou pouco.

Graças ao trabalho dessas entidades, a perseguição policial foi diminuindo, embora os centros e os terreiros se vissem obrigados a uma vergonhosa imposição: eram fichados na delegacia de vadiagem e de jogos e diversões e tinham que enviar à autoridade policial as atas de todas as suas reuniões para serem carimbadas.

Essa obrigação durou até 1974 quando a federação espírita umbandista conseguiu, mediante entendimentos com a Secretaria de Segurança Pública, passar tal observação sobre os cultos para si mesma. A partir daí, a imposição foi cedendo até acabar. No fim da década de 1960 e início da de 1970, a umbanda, em Minas, começou a ser invadida pela influência do candomblé.

É preciso citar que a **união** dos diversos grupos isolados começou a acontecer com mais intensidade depois da criação de várias federações, associações e confederações umbandistas pelo Brasil. Só assim os grupos perseguidos passaram a se sentir mais fortes para resistir.

Os umbandistas tiveram que transigir – como seus ancestrais o fizeram no passado – e aceitar a sincronização para que hoje os terreiros, centros, cabanas fossem registrados com o nome dos Orixás, Ínkices, Bakuros, Voduns, pois, antigamente, para que as sociedades umbandistas, se tornassem sociedade civil com personalidade jurídica, os cartórios de registro civil só as registravam se a expressão "**espírita umbandista**" (e mais o nome de um santo da igreja católica) fosse acrescentada aos seus nomes originais.

Pode-se dizer que a umbanda mineira ofereceu uma situação mais estruturada para a existência do candomblé no estado, uma vez que a chegada do candomblé em Minas foi 1958 ou 1959, data posterior à fundação da federação espírita umbandista do estado de Minas Gerais.

O omolokô como culto

O culto omolokô é uma prática religiosa, originária de um povo da região de Lunda (leste de Angola) denominado kioko. Povo de feição nitidamente expansionista, os kiokos logo se disseminaram pelas zonas situadas nas nascentes de dois grandes rios

(Kuango e Kasai). A expansão, algumas vezes pacífica, outras hostil, foi sobre os povos vizinhos até o noroeste da Zâmbia, território dos ovimbuncos (grande grupo étnico do planalto central angolano) ao longo dos séculos, o povo habitante da região passou a chamar-se lunda-kioko.

A palavra omolokô é de origem mussurumim, lunda e kioko (etnias e região) cuja tradição religiosa e cultural (bantu) preservava um culto interligado ao reino animal (kiama), mineral (kia – mina) e vegetal (kirimu).

O povo lunda-kioko acredita na existência de duas forças básicas: a positiva (kiadice) e a negativa (dikuxa):

Diagramas:

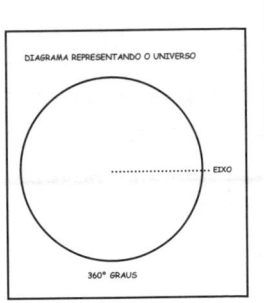
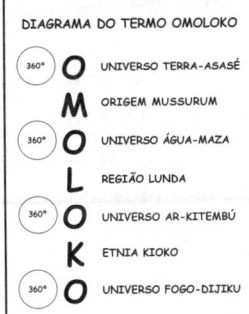

A tradição omolokô

Para cada cerimônia existe uma tradição ritualística e seus preceitos. Na tradição omolokô **Aluvaiá (Exu)** é cultuado, está relacionado e ligado, por isso é presença em todos os dias da semana e é homenageado junto com cada bakuro, nos festivais anuais.

Como se vê, os kiokos cultuam a natureza por meio de suas energias, que são chamadas **bakuros**, ao lado do culto às almas dos antepassados (**yombe**). O culto e o ritual se valem da simbologia das cores, cânticos e ritmos (**curimbas**), além de pontos riscados cabalisticamente dentro de uma numerologia particular. Os lunda-kiokos usam princípios iniciáticos por excelência e são fiéis aos mais remotos princípios tradicionais da kabala.

O omolokô pelo mundo

No Rio de Janeiro, onde nasceu e se desenvolveu, o omolokô está implantado em Niterói, Barra Mansa, Nilópolis, Cantagalo etc. Está presente também em diversas cidades do estado de São Paulo. Em Minas Gerais, o omolokô está consolidado em Belo Horizonte, Uberlândia, Uberaba, Patrocínio, Patos de Minas, Governador Valadares, Ituiutaba, Muriaé etc. Temos ainda focos do omolokô em Brasília, Maranhão, Ceará, Mato Grosso e Goiás etc.

No exterior o omolokô já implantou suas raízes nos seguintes países: Argentina, Uruguai, Itália, França, Inglaterra, Irlanda, Espanha, Portugal, Estados Unidos e Chile. Nessas localidades temos terreiros documentados que comprovam a tradição lunda-kioko (omolokô), mas acredita-se que nossa tradição (lunda-kioko – omolokô) esteja espalhada por outras regiões do mundo.

A história de omolokô no Brasil:

O culto omolokô tem sua origem no malê – mussurumim dos mina-gegê do Maranhão. Açumano saó adió é mais conhecido no culto omolokô como tio sani, origem de sus suna (dijina) e malê. Oscarina sani adió (o primeiro nome é celta = guerrreira) é de origem mussurumim. Oscarina Sani Adió (Yalorixá) veio da casa das minas no Maranhão para o Rio de Janeiro e com ela vieram: João de mina, tio Bacayodé e tio Erepê que se iniciaram na nação lunda-kioko (omolokô). Todos eram zeladores de santo no Maranhão e iniciaram Tancredo da Silva Pinto, sendo que sua zeladora era mãe Benedita, segundo depoimentos, Tata Tancredo nasceu no Rio de Janeiro por volta da Lei do Ventre Livre, mas existem controvérsias, pois ele nunca declinava ao certo sua data de nascimento.

Tia Benedita ou mãe Benedita, que recebeu em sua iniciação a dijina yadouché ou yatouché, era de procedência bantu yadoi. Seu terreiro ficava em Nilópolis, Rio de Janeiro. Seu falecimento ocorreu entre 1940 a 1944.

Oscarina, açumano, bacayodé, erepê tinham seus terreiros em Queimados, São João do Meriti, morro de Santo Antônio e na antiga fazenda dos Botelhos no estado do Rio de Janeiro. Eram todos praticantes do culto omolokô.

Quando me imbuí e até ousei escrever esse livro, foram vários os motivos preponderantes que me levaram a tal:

1º – a minha religião, que é de matriz africana: culto omolokô – lunda-kioko.

2º – a minha curiosidade: pois a partir dela é que me vi pesquisando, indagando, questionando e me aprofundando mais e mais no saber e no aprender sobre os cultos afro-brasileiros.

3º – o folclore: a religiosidade afro-brasileira é rica e aguça a curiosidade de qualquer um, pois o negro africano, no afã de manter suas tradições, não mediu esforços e usou de toda sua sagacidade e artimanha, para poder ludibriar o senhor de engenho, logrando êxito na maioria das vezes, nos deixando um legado de valor inestimável, seja pela sua beleza, seja pelos seus rituais, sua musicalidade e sobretudo por sua pureza quase inviolável.

4º – em último, talvez com a minha religiosidade, junta-se o fator, que eu considero um dos mais importantes: a vontade de divulgar e deixar públicas, minhas experiências com a religiosidade africana, nesses mais de 35 anos, somente dentro do omolokô e também dentro de minha ignorância dirimir algumas dúvidas que sempre nos afligem.

No Brasil, a religião africana é, por si mesma, devido à grande miscigenação, uma mescla de vários rituais, de várias tribos. Isso ocorreu devido à mistura de vários grupos escravos na vinda para o nosso país: o Brasil. De acordo com pesquisas de vários e renomados autores e cientistas, essas misturas e talvez a assimilação de outros cultos ocorria na própria África.

Segundo pesquisas em tempos passados, como em todo mundo ocorre e já ocorreu, os mais fortes dominaram os mais fracos, então essa mistura de características começa quando os gegês dominaram os yorubás e ashantis. Os muçulmanos também, por sua vez, dominaram os gegês e outras nações, sendo algumas delas de origem bantu. Notamos então, como ocorre em toda forma de domínio, que por mais que se queira, o dominado acaba assimilando características de seu conquistador e vice-versa, isso com o decorrer dos tempos. Por mais que guarde suas características pessoais imutáveis, nos seus cultos, encontramos por mais simples que pareçam, indícios de outros rituais. Se olharmos com bastante rigor, notaremos que o povo nagô e o povo gegê se influenciaram mutuamente, como notaremos também nos povos bantus: Angolas, Congos, Benguelas, Rebolos, Moçambiques etc. acabaram por assimilar muita coisa dos gegê-nagô, isso tudo ocorrendo inclusive na própria África.

No tocante à língua, havia, como ainda hoje há, vários dialetos, e é nesse setor que se faz com mais acinte a miscigenação linguística, principalmente no meio dos povos de origem bantu, ocorrendo essa mistura nos cultos religiosos. Há nesse caso a reciprocidade, pois no dialeto gegê-nagô também se encontram palavras dos diversos dialetos de origem bantus, isso decorreu da necessidade de os negros se comunicarem ao chegar aqui, procurando assim todos eles adotar uma linguagem geral – no caso o nagô – para um perfeito, conciso e amplo entendimento.

Há de se notar também que em determinadas regiões do Brasil prevaleceram as origens, havendo algumas diferenças básicas no que concerne a rituais, sincretização, vestimenta etc., isto principalmente no começo. Hoje, com o advento da informática e das telecomunicações, houve e há uma maior troca de informações e melhores condições para uma pesquisa mais concisa, coerente e embasada em fatores verídicos; há também troca de informações e entrosamento entre os adeptos de várias nações ou etnias religiosas.

Durante muito tempo, aqui no Brasil, os rituais afro-brasileiros eram tidos como coisa de gente mais humilde, e o que era pior, era uma coisa de negros e feiticeiros, também praticados por pessoas consideradas ignorantes. Mas agora, está aí pra quem quiser fazer a comprovação e constatação: é só fazer uma visita aos inúmeros terreiros, roças, ilês ou abaçás que se proliferam pelo país de norte a sul. Aí se encontrarão, lado a lado aos ditos pequenos, figuras de destaque: tanto na área política, artística, jornalística, cultural e esportiva e também empresarial e de outros setores de nossa sociedade; e o que é mais importante, irmanados e sentindo-se perfeitamente à vontade para dizerem que são adeptos e praticantes.

Para o amigo leitor se situar um pouco com o que dissemos acima, sobre a égide de nações que aqui vieram aportar vamos demonstrar as principais, sendo que há outras de menor expressão e que por isso, por suas características parecidas ou iguais, foram incluídas em outro grupo predominante. Pelo montante de nações que abaixo citarei, notar-se-á que era preciso que houvesse a mistura, pois senão, em uma mesma senzala, teríamos vários dialetos:

Sudaneses:
– Yorubás = nagô, oyó, yjexá, ketu, ibadan, ondó, ekô, ifé, benin, egbá, yjebu.
– Outras = ylá, owô, ykolé, ekiti.

Dahomei:
– Jejês: djedji, ewês
– Fon: efan
– Ardras, mahi

Costa do Ouro:
– Fanthi, ashanti (mina)

Guineanos (sudaneses islamizados):
– Fulah, mandinga, haussá, tapa.

Bantus:
– Angola:
01) distrito do congo (cambinda).
02) distrito de benguela.
03) distrito de loanda (lunda-kioko).
– Moçambique: mácuas, angicos, cassanges, guiné.

Há um grande equívoco quanto à nomenclatura usada nos cultos de origem omolokô, no que diz respeito à forma de tratarmos nossas divindades. Cada etnia tem sua própria forma e nós não somos diferentes, mas por comodidade ou qualquer outro fator, várias nações de culto afro-brasileiro optaram por designar suas divindades como Orixás. Não é certo, mas é a forma como todos os leigos e ou iniciantes entendem, mas vamos elucidar os mais conhecidos no capítulo a seguir. Para o leitor se situar vamos elucidar a forma das principais e maiores etnias religiosas e a forma de se referirem às suas divindades:

• Yorubás: **Orixás**
• Jejês: **voduns**
• Angola: **ínkices**
• Lunda-kioko (omolokô): **bakuros**

Antes de discorrermos sobre nossas divindades, devemos esclarecer que nós, do culto omolokô, temos o maior respeito pelas divindades yorubanas e as do panteão angolano, dos quais fazemos parte, mas, além de usarmos a nomenclatura yorubana, costume esse que está enraizado em 90% ou mais dos seguidores, inclusive dos de Angola, anexamos alguns rituais deles, como se diz: se deu certo para que mexermos? mas a grande diferença é que nas outras etnias só se cultuam: orixás, ínkices ou voduns e nós nos miscigenamos com a umbanda, assim cultuamos além dos bacuros, os nossos pretos velhos, caboclos, almas, marinheiros, baianos etc. Ou seja, espíritos que já tiveram matéria. Mas os mais comuns são os caboclos e os pretos velhos.

Caboclos:

Os caboclos são nossos índios, oriundos dessa ou daquela tribo, mas sempre presentes para fazerem o bem, sendo que comumente pertenciam às tribos tupi e guarani, mas de acordo com a história do Brasil, havia outros grupos indígenas, que abaixo dividiremos em grupos mais característicos:

• Tupis: tamoios, carijós, tupinambás, caetés, goytacazes etc.
• Guaranis: canoeiros, carijós, awás etc.
• Gês: carajás, aimorés, tapuias etc.
• Aruak: guaicurus, araus, arauá etc.

Como os caboclos mais frequentes nos terreiros são da tribo tupi, dissertaremos sobre alguns de seus costumes – a nação tupi na maioria de suas tribos, andavam, a não ser pelos enfeites de pernas, inteiramente nus e apreciavam as deformações corporais.

Os caboclos têm como armas arco, flecha, tacape ou borduna, bodoque, escudos de couro e também colares de dentes de animais e cocares de penas dos pássaros.

São espíritos de uma força muito grande e, por estarem ligados às matas, têm um campo muito extenso para a cura e para a homeopatia além de um vasto conhecimento de ervas medicinais.

Pretos velhos:

— São os espíritos dos escravos que aqui aportaram e, como resgate pelo sofrimento aqui impingidos a eles, vêm agora como entidades de luz para poderem sanarem os problemas daqueles que os oprimiram. Devido à grande quantidade de nações que aqui chegaram é quase impossível determinar a qual tribo eles pertenciam. São entidades de um vasto conhecimento para se quebrar as "**quizilas**", "mandingas", feitiços e também têm um vasto conhecimento da flora (raízes, ervas, sementes etc.). Geralmente quando baixam no terreiro eles vêm com o intuito de limpar e deixar a casa com bom astral, perfeito e sem carrego.

Com a vinda dos negros para o Brasil, suas tradições, sua cultura e sua religiosidade os acompanharam e foi a única coisa que os senhores não conseguiram arrancar e nem quebrar. Segundo historiadores, antropólogos e pesquisadores, o número de divindades trazidas por eles gira em torno de 500, mas o grande problema encontrado foram as diferentes regiões geográficas (o Brasil é um país continente), a grande miscigenação e a falta de liberdade para professar sua religiosidade, externar sua cultura e tradição; segundo os pesquisadores um sem-número dessas divindades se perderam ou foram incorporadas a outras. Mas o que ficou e que pelo menos nós de tradição **lunda-kioko** cultuamos é em torno de 12 divindades "principais" e mais algumas que foram por nós incorporadas nesse panteão principal; temos ainda mais quatro divindades intermediárias que comungam do mesmo "status". Apresentaremos a seguir essas divindades, sem ordem de classificação, ou seja, sem ordem de importância, pois tal ordem nos é desconhecida; o que pode ocorrer são predileções pessoais. Passamos então aos mais generalizadamente cultuados.

Bakuros

(Orixás)

01) Zambi Aponguê - Olorum
02) Aluvaiá (manifestação masculina) – Exu
03) Aluvaiá (manifestação feminina) – Bombogira
04) Kaviungo – Kimbotó – Omulu – Obaluayê
05) Kanjira – Mukumbe – Ógum
06) Madé – Gongobira – Óxossi
07) Kissimbi – Kambalassinda – Dandalunda – Óxun
08) Kianda Aioká – Kaitumbá – Yemanjá
09) Iapopo – Cita – Matamba – Oyá – Yansá
10) Kerekere – Zumbarandá – Naná
11) Jambanguri – Kambaranguanje – Xangô
12) Ferimá – Gangarubanda – Lembaranganga – Oxalá
13) SanguinOssáe – Catendê – Minipanzo – Ossáe
14) Angorô / Angoromeia – Oxumaré
15) Terecompenso – Logun– Edé
16) Kafulu – Ngongo Golungoloni – Wungi – Ibeji
17) Tempo – Kitembula

01 – Zambi Apronguê
(Zambi/Zambiampongo/Zambiampungu)

Zambiapungo/Zamuripongo:

Divindade suprema dos cultos afros de origem bantu e posteriormente incorporada nos rituais da umbanda é, segundo lendas e ditados, o criador de tudo no universo; corresponde ao Orixá Olorum (Yorubano) e no sincretismo católico é considerado Deus.

02 / 03 – Aluvaiá e Bombogira:

É o agente mágico universal, que nos nossos cultos serve para ligar o homem e as divindades; é o zelador das tronqueiras e encruzilhadas; um bacuro exuberante, vaidoso, amante das riquezas, vícios, festas, não ligando muito com fatores de ordem moral. Sendo, pois, um agente universal é como uma faca de dois gumes. É tão amado quanto odiado pelos seus filhos. É extremante provocador, de muita astúcia.

Tem sagacidade ímpar. É uma divindade muito serviçal, mas mercenário, pois, na maioria das vezes, não faz nada sem recompensa imediata.

Nós do culto omolokô (lunda-kioko), temos a manifestação feminina de Aluvaiá que se chama Bombogira; sua característica é a mesma do Aluvaiá masculino, com uma preponderante força para as coisas amorosas, sua manifestação é sempre bonita e cheia de charme, diferente do masculino, que, apesar da beleza, é bem mais viril e estrondosa. Somos a única nação que respeita e considera essas manifestações não só como Bacuro, Ínkice ou Orixá, mas sim como uma poderosa entidade, que sempre vem para desatar nossos nós.

Segundo Nei Lopes no dicionário bantu do Brasil: "Bombogira é uma entidade da umbanda, espécie de porção feminina do exu Nagô – do Quimbundo **Pambuanjila, Pambu a Njila:** que significa encruzilhada. A expressão pode literalmente ser traduzida como "cru-

zamentos (mpambu) de caminhos, estradas (njila) "e a entidade, cujo domínio principal são as encruzilhadas abertas."
Como já disssemos, Aluvaiá é o elo de ligação entre o mundo espiritual e material. Age como um aliado da humanidade. Cada Bacuro possui seu Aluvaiá. Cada casa tem o seu. Ele trabalha por dinheiro, bebida ou sacrifício animal. Costuma punir rigorosamente os faltosos, principalmente aqueles que não cumprem o combinado. É um "servo", mas tem características que demonstram seu rigor, é também muito enérgico e transpira sensualidade, pois está ligado intrinsecamente às coisas mundanas. Sempre atua como uma grande segurança de quem lhes é devoto. Sempre transgressor de normas e regras. É ágil física e mentalmente, precisando sempre de um dinamismo e inteligência para que possa dar vazão à sua energia interior. Nos rituais é o primeiros a ser servido e nos xirês é sempre o primeiro que baixa. Tem como uma de suas representações: um falo ereto que é o símbolo de sua masculinidade; já a manifestação feminina tem em seus assentamentos a representação de seios grandes, com búzios e joias, e os dois em conjunto representam a fecundidade. No Brasil tem-se o péssimo costume de compará-lo ao demônio, mas isso é lenda de incautos e de pessoas ignorantes ou de grupos de religiosos que não têm respeito e muito menos cultura e que com esse preconceito transgridem leis e pregam uma falsa religiosidade; esses sim são os verdadeiros demônios.

Suas cores:
– Vermelho e preto
Vermelho: é o dístico da batalha, da luta, da demanda e o sangue.
Preto: símbolo das trevas, da sombra, em que se encontram os necessitados, os pedintes e os que suplicam seu auxílio.

Suas vestes:
– Capas bem suntuosas e majestosas em preto e vermelho, em muitos casos empregam-se coroas, na manifestação feminina são

roupas que se parecem com vestimentas ciganas e ou espanholas, sempre adornadas com pulseiras e brincos.

Comidas:

As oferendas de Aluvaiá (exu) chamam-se mi ami ami, e são feitas de farinha de mandioca lisa e crua, três pitadas de sal e dendê (macho) e farinha de mandioca lisa e crua, mel ou azeite doce (fêmea) e são o alimento mais popularizado dessa divindade. Também há um com farinha d'água e cachaça, se macho acrescentar dendê e se fêmea farinha d'água, cachaça e mel. Há também o deburu: pipocas passadas no dendê e areia. Temos ainda o padê, que é feito com farinha lisa e dendê (macho) e o com farinha d'água com cachaça e mel ou azeite (fêmea). Todos os alimentos são servidos em alguidares ou folhas de mamona ou de bananeiras e são, na sua maioria, regados com bastante dendê. Muitas vezes os lugares de arriada são encruzilhadas, trilhos do trem de ferro, cemitérios, descampados, árvores frondosas, de preferência numa figueira, numa aroeira e no creche (quarto de exu).

Animais de sacrifício:

Boi, cabra, bode, galo, galinha (todos os animais têm de estar em perfeitas condições, ou seja inteiros, sem quaisquer machucados, sem chifres cortados, sem asa ou rabo cortados e também têm de ser intrinsecamente pretos).

Apetrechos e armas:
– Tridente, punhais, pólvoras, facas e geralmente como fetiche um **kiribum** (pedaço de carvão).
– As flores de exu são vermelhas e a mais comumente usada é a rosa vermelha ou cravo vermelho.
– As ervas usadas são: vassourinha-de-exu (vassourinha-de-relógio), mata-cabra, aroeira, mamona, figueira etc.
– Suas contas (miçangas) são pretas e vermelhas.
– Suas bebidas: cachaça (marafo), champanhe, uísque, gim, rum, campari, vinho quinado etc.

Esse **Bacuro** é cultuado na segunda-feira, mas ele não se fixa só nesse dia, pois atua em todos eles; o que ocorre é que para cada **Bacuro** corresponde uma manifestação de **Aluvaiá** como intermediário. Estando cada **Bacuro** muito apegado à terra e aos homens é conhecedor de seus hábitos; **Exu** ou **Aluvaiá**, embora não tenha sexo, assume características sexuais, exagerando-as. Quando essas características são de natureza feminina ele é chamado de **Bombogira** (mas devido a uma confusão fonética, comumente se diz: **pombogira** ou **pomba-gira**). Essa divindade tem por campo de atuação mais frequente o amoroso, sentimental e sensual.

Como dissemos logo acima a cada **Bacuro** corresponde um **Aluvaiá** ou **exu** como intermediário:

– **Kaviungo** – **Kimbotó** – **Omulu** – **Obaluayê** = **Makuenda, Dakê.**
– **Kanjira** – **Mukunbe** – **Ógum** = **Tiriri.**
– **Madé** – **Gongobira** – **Óxossi** = **tranca rua ou tranca gira.**
– **Kiisimbi** – **Kambalassinda** – **Dandalunda** – **Óxun** = **Bombogira menina.**
– **Kianda Aioká** – **Kaitumbá** – **Yemanjá** = **Bombogira da praia**
– **Yapopo** – **Cita** – **Matamba** – **Yansá** – **Oyá** = **Bombogira das almas.**
– **Kerekere** – **Zumbarandá** – **Naná** = **Bombogira kuriê**
– **Jambaguri** – **kambaranguaje** – **Xangô** = **barabô.**
– **Ferimá** – **Gangarubanda** – **lembareganga** – **Oxalá** = **lalu.**
– **SanguinOssáe** – **Catendê** – **Minipanzo** – **Ossáe** = **tranca rua ou Bombogira.**
– **Angorô/Angoromeia** – **Oxumaré** = **exu maré e ou bará.**
– **Kafulu** – **n'Gongo Golungoloni** – **Wunge** – **Ibeji** = **exu mirim.**

Outras comidas:
– Bife de exu:
• Uma boa posta de carne bovina, temperos, azeite de dendê e pimenta malagueta – em primeiro lugar temperar a carne com

cebola picada, moída ou socada, pimenta picada, moída ou socada. Aquecer o dendê na panela, de preferência de barro, e depois passar o bife, coando de um lado e de outro. Colocar no alguidar ou numa travessa de barro, preparando um molho com azeite de dendê, cortar cebolas em rodelas e pôr em cima. Servir em cima de um tecido preto e vermelho com sete velas em volta, depois servir cachaça e acender um charuto.

• Pegar um bom bife de carne de porco, fazer os temperos idênticos ao de cima e depois, na gordura que sobrar, fazer uma farofa bem ardida de farinha lisa e crua e servir do mesmo jeito e com o mesmo ritual.

– Farofa de Exu:

• Fritar no dendê vários pedaços de linguiça de porco apimentada, paio, miúdos de porco, acrescentar bastante cebola, alho, salsa e cebolinha e misturar com a farinha, servir da mesma forma acima.

• Fritar no azeite de dendê farinha lisa e crua, até ficar torrada, e servir com cebolas cruas por cima.

– Deburu:

• Pipocas passadas no azeite de dendê. Levar a panela ao fogo, colocando no fundo dela um punhado de areia do mar ou do rio, deixando aquecer bastante. Colocar o milho de pipoca (um punhado bom) e tampar deixando que elas espoquem. Retirar as pipocas prontas, utilizando uma colher de madeira. Os grãos que não estouraram e que vão queimando, retirar e colocar em uma toalha separada.

Para obrigação, colocar em um alguidar e juntar azeite de dendê e misturar com as mãos para que fiquem bem amarelas. As sobras que queimaram e não espocaram, embrulhar na toalha e arriar ao lado da obrigação.

• **Obs.:** todas essas oferendas deverão ser feitas em fogão de lenha e sempre em panelas de barro. Quando não se encontrar a panela de barro, fazer em panela de ferro.

Pontos riscados Aluvaiás (Exus) omolokô:

Bombagira da Praia

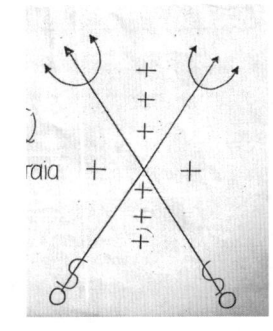

Bombagira

Bombagira das Almas

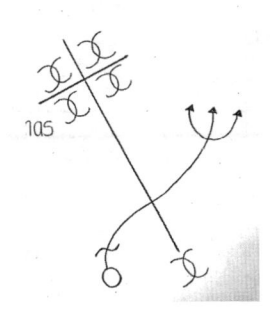

Bombagira Kuriê

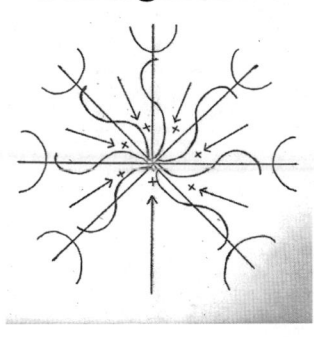

Bombagira Menina

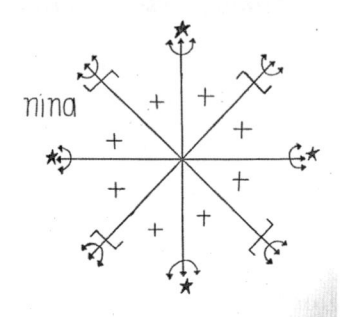

Exu Mucuenda ou Dakê

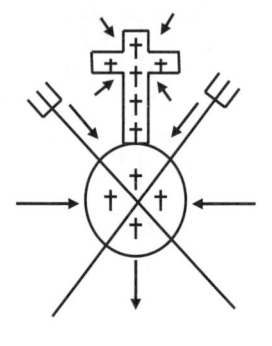

Exu Mucuenda ou Dakê

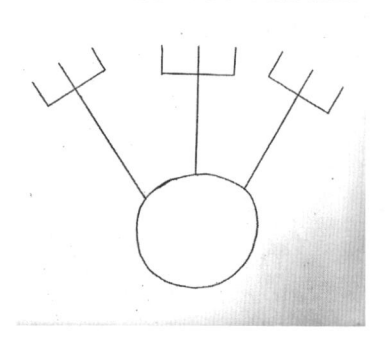

Exu-Mirim

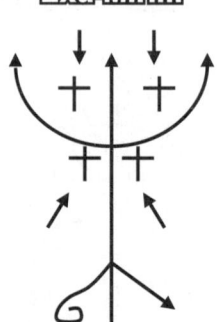

Exu Barabô

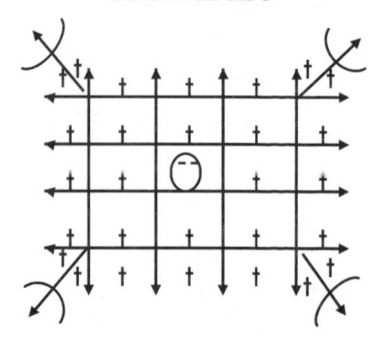

Exu Lalu

Exu Lalu

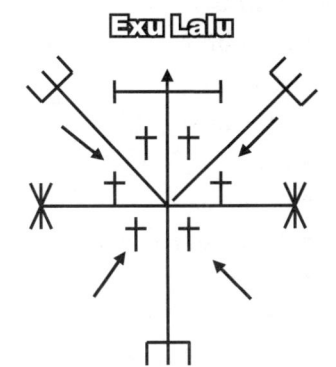

Exu Tiriri

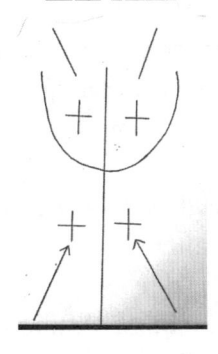

Exu Tiriri

EXÚ TIRIRI

Exu Tranca Rua

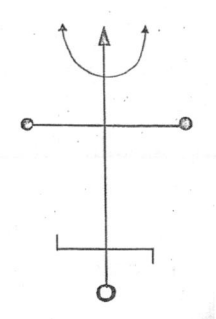

Exu Tranca Rua

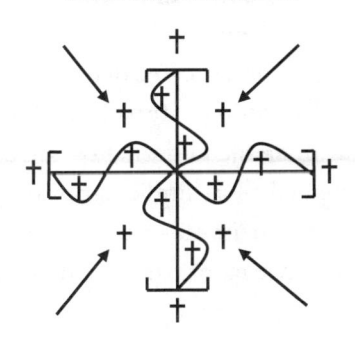

– Suas frutas:

- Figo-bravo
- Caju
- Amêndoa
- Joá
- Jurubeba
- Pimentas em geral
- Amoras
- Cana-de-açúcar
- Laranja-do-mato
- Mamão-bravo

– Suas ervas:

- Urtiga branca – usada para banhos de descarrego e limpeza e para trabalhos de defesa. Muito utilizada nas doenças pulmonares.
- Mamão-bravo – para banhos de limpeza, descarrego e banhos fortes. Também é utilizado em **ebós** de defesa. Devendo ser substituído de três em três dias. Bom para cicatrizações.
- Maminha-de-porca – somente seus galhos são usados no ritual e também em sacudimento domiciliares; é um tonificador orgânico. A sua casca em infusão é boa para mordedura de cobra.
- Jurubeba – utilizada em banhos preparatórios de filhos, quando da iniciação – hoje muito pouco usada. É uma erva ótima, com várias funções medicinais, além de ser uma fruta saborosa na comida. Essa planta é um ótimo agente hepático, pois propicia um bom funcionamento do fígado e baço, ótimo digestivo, além de ser muito usada na prevenção e debelação de hepatites. Usando em banhos de assentos mornos propicia melhoras nas articulações.
- Laranjeira-do-mato – seu uso se restringe a banhos fortes de descarrego, defesa e limpeza. Boa para cólicas abdominais e menstruais.
- Figueira-do-diabo – se restringe ao uso nos **otás (pedras)**, antes de serem levados para assentamentos – boa para úlceras e tumores.
- Azevinho

• Joazeiro – é um complemento em banhos propiciatórios: defesa, descarrego e limpeza astral. Seus galhos são bons para se cobrir os despachos (**ebós**). Na medicina popular, a indicação é para as doenças do peito e nos ferimentos e contusões fazer um emplastro com sua casca.

• Bardana – aplicada sempre em banhos de descarrego, para livrar de ondas negativas e de **kiumbas (eguns)**.

• Beladona – seu uso é excelente quando usada em sacudimentos domiciliares ou em locais comerciais. É uma planta com grande poder atrativo.

• Beldroega – erva usada na purificação dos **otás (pedras)**. Socada é um ótimo cicatrizante.

• Amendoeira – seus galhos são usados nos locais em que o homem exerce suas atividades lucrativas – na medicina caseira, seus frutos são comestíveis, mas em grande quantidade podem causar diarreia de sangue. De suas sementes fabrica-se o óleo de amêndoas, muito usado para fabricar sabonetes emolientes e amaciador da pele.

• Amoreira – é uma erva que armazena em si muitos fluidos negativos, soltando-os após as 18h, para nós sacerdotes é uma erva forte, usada no trato dos **kiumbas (eguns)**. Boa para debelar inflamação da garganta e bucal.

• Vassourinha-de-botão – muito empregada nos sacudimentos de abertura de caminho e de defesa.

• Vassourinha-de-relógio – excelente para sacudimentos em geral, pois propicia desinfecção astral.

• Pimenta-da-costa

• Pimenta malagueta

• Aroeira-branca – tem aplicação nas obrigações de cabeça, nos sacudimentos, nos banhos fortes de descarrego. É usada também para a purificação dos **otás (pedras).**

• Aroeira-roxa – tem aplicação nas obrigações de cabeça, nos sacudimentos, nos banhos fortes de descarrego. É usada também para a purificação dos **otás (pedras).** Na medicina popular ela é um ótimo cicatrizante, pois acelera a cura de feridas e úlceras. É boa em casos de inflamações do aparelho genital. É muito usada para as lavagens genitais.

• Tiririca – essa planta de escasso crescimento apresenta pequenos bulbos (batatinha) aromáticos. Delas faz-se um pó (torrando-as e socando-as). Este pó serve para energizar e transmutar rituais. Muito usado para quem necessita que se desocupe um imóvel, afasta **kiumbas (eguns)** e medicinalmente é usado para melhorar o hálito.

• Maconha

• Cajueiro – suas folhas geralmente são usadas pelo ogan responsável pelos cortes de quadrúpedes. Em seu uso caseiro, ele combate problemas genitais. É ótimo no tratamento de diabetes. Suas cascas cozidas combatem diarreia e mau hálito.

• Perpétua

• Corredeira

• Coerana

• Cana-de-açúcar – folhas e bagaços secos, são utilizados em defumações purificantes de ambiente, geralmente utilizadas antes dos trabalhos; é ótima para combater **kiumbas (eguns)** hipertensão arterial.

• Cardo-santo – é ótimo como afugentador de **kiumbas (eguns)** causadores de vários malefícios. Quando usado em sacudimento faz aparecer os perdidos é ótimo para fazer cair vermes e bernes de animais. Suas folhas agem como colírio e suas raízes e hastes são empregadas como anti-inflamatório.

• Urtiga-vermelha – é uma erva presente em quase todas as cerimônias ritualísticas: banhos, limpeza, assentamentos, **ebós,** pó de defesa, planta com poderes diuréticos.

• Erva-de-bicho

• Erva-de-fogo

• Açoita-cavalo – no nosso ritual essa erva é muito usada nos chamados banhos fortes, aplicados do pescoço para baixo, sempre em hora aberta. Muito boa para atração de simpatia. Não se tem nada a respeito de seu uso na medicina homeopática.

• Arruda – uma das mais conhecidas plantas, muito difundida nos cultos afro-brasileiros. Planta aromática muito usada nos rituais pois **Aluvaiá** ou **Exu,** juntamente com os pretos velhos a indicam contra fluidos negativos e olho-grande. Às vezes, recomemdada para banhos de limpeza e descarrego, pois o seu poder de captação de negatividade é tão grande que quando o ambiente está carregado, a arruda morre. No Brasil se difundiu popularmente que o uso dela evita e protege do mau-olhado. É muito usada contra a verminose e reumatismo, além de seu sumo ser um importante desinfetante ocular e também bom para curar feridas.

• Mamona – é uma erva de grande uso nos terreiros, para sacudimentos, para se arriar as obrigações e para se cobrir assentamentos. Suas sementes socadas servem para purificar os **otás (pedras)** de **Aluvaiá** ou **Exu.**

• Mata-cabras – muito utilizada para afugentar **kiumbas (eguns)** e destruir malfazejos astrais. É uma erva tão forte que se recomenda, na hora de manuseá-la, proteger as mãos com um pano, para assim despachá-la em uma encruzilhada. Ótima para tirar dores dos pés e pernas, aplicando com um banho morno.

• Mata-pastos – seus galhos são muito utilizados nos banhos de limpeza, descarrego e nos sacudimentos. É indicada pela medicina popular na cura de febres malignas e indigestão.

• Mussambê – é uma erva destinada a dar boas-vindas à **Aluvaiá** ou **Exu**, pois é muito bem recebida por ele. É um ótimo cicatrizante e anti-inflamatório.

• Ora-pro-nobis é uma das principais ervas que se utiliza nos banhos de descarrego e limpeza. É uma destruidora de **kiumbas (eguns)** conferindo à aura um caminho limpo e bom, livre de negatividade.

• Pau-d'alho – para sacudimentos e banhos de descarrego e limpeza. Esse poderoso banho toma ainda uma proporção fenomenal se for preparado em uma encruzilhada, em hora cheia e acrescido de aroeira, pinhão-roxo e pinhão-branco. Muito usada para combater abcessos e tumores, fazendo-se uma pasta com as folhas dessa erva.

40

Também é recomendado para reumatismo e hemorroidas (banho de assento quente e demorado).

• Carrapicho
• Sempre-viva
• Cansanção
• Cabeça-de-nego – nos rituais, suas folhas são empregadas em banhos de limpeza e seus bulbos são usados nos banhos de descarrego. É uma planta que combate o reumatismo, cólicas menstruais e menstruações difíceis, flor branca, inflamações vaginais e uterinas.

• Catingueira – é muito empregada em banhos de descarrego, seu sumo serve para fazer a imantação dos **otás (pedras)** do assentamento; mas muito cuidado, pois não devemos colocar junto das oferendas dessa divindade. Muito usada pelos raizeiros no tratamento de menstruações complicadas.

• Fedegoso – é uma erva de muito poder, que, misturada a outras ervas de **Aluvaiá** ou **Exu**, propicia um bom resultado nos sacudimentos familiares. Usa-se muito para limpar os pontos de **fundanga, tuia (pólvora)** e os pontos riscados.

• Pinhão-coral – erva integrante dos banhos poderosos e considerados fortes: limpeza astral, descarrego e também nos **ebós** defesa. Na medicina caseira é bom para feridas rebeldes e úlceras malignas.

• Pinhão-roxo – tem as mesmas aplicações do pinhão-branco. É uma erva muito poderosa, pois atua nas limpezas, descarregos e sacudimentos.

• Tintureira – para limpeza e descarrego, trabalhos de defesa. É em seu tronco que também pode-se arriar as obrigações de **Aluvaiá** ou **Exu**. É um ótimo energético e desinflamatório.

• Folha-da-fortuna – muito usada nas obrigações de cabeça, em banhos de limpeza ou descarrego e nos **abós** dos filhos de santo. De grande eficácia medicinal, como cicatrizante, para contusões, escoriações. Nesses casos, usá-la em forma de linimento ou emplastro: socar as folhas e fazer uma pasta para aplicar no local.

– Sua saudação:
- **Laròyè, èsú yè** – Viva Exu ou salve Exu!!!!!
- **Kíua ngana pambú nzila** – Viva o senhor dos caminhos
- Resposta: **Kìua unzila !!!** – Salve o senhor dos caminhos!!!!

– Suas guias:
    * Essa divindade usa suas contas em preto e vermelho – sendo que há uma divisão para nós de omolokô: masculino = três contas vermelhas e três contas pretas ou sete pretas e sete vermelhas – feminino: uma conta preta e uma vermelha.

– Suas bebidas:
    * aguardente ou cachaça
    * gim
    * uísque
    * cerveja
    * campari
    * champanhe (feminino)
    * cachaça com mel (feminino)

– Dia da semana:
    * O dia consagrado é segunda-feira, mas como já vimos essa divindade manifesta-se em cada dia com uma emanação correspondente ao bakuro do dia.

– Toques e ritmos:
    * batá
    * ageré
    * ilu
    * egó
    * hamunyia

– Pawó:
    – sete batidas de palmas à esquerda
    – três batidas de palmas à esquerda

– sete batidas de palmas à direita

– três batidas de palmas à direita

– sete batidas de palmas no centro de reverência

– Pedras e otás:

* Essa divindade tem como otá o minério de ferro e também metais que compõem seu assentamento e também búzios.

– Sincretismo:

* Por suas características um pouco irreverentes e desrespeitosas foram sincretizados como o diabo, mas nós dos cultos afro-brasileiros temos plena convicção de que não tem nada a ver, isso advém de uma cultura retrógrada e preconceituosa, que cabe a nós pôr abaixo. É uma divindade como as outras, que apenas tem uma forma diferente de manifestação.

04) Kaviungo – Kimbotó – Omulu – Obaluayê:

É a manifestação da tranformação. A divindade das epidemias, das endemias, o senhor dos cemitérios, dono da vida e da morte. Quanto ás denominações, elas variam de lugar a lugar ou seja, de etnia a etnia, país a país, nação a nação; é por isso que em um mesmo país talvez encontraremos as mesmas divindades, a mesma forma de energia com várias denominações, como verificaremos a seguir:

– ** **Omulu** e **Obaluayê** = entre os yorubanos, sendo que **obaluayê** provém dos jejês (sic).

– ** **Sapponá** ou **Xapaná** = é como chamam os nagôs da costa dos escravos.

– ** **Azoani** – para os jejês.

– ** **Duzina** = entre os de dahomei.

– ** **Kanjanjá** = em alguma região de Angola.

– ** **Kaviungo** = entre os kassanges (Angola).

– ** **Kimbotó** = lunda-kiokos (Angola).

– ** **Kicongo** = congo.

– ** **Gargamela** = entre os cambindas.

– ** **São João Batista** = cuba (sincretismo) (sic).

– ** Nos **Xangôs do nordeste** (Brasil) **é sincretizado como Senhor do Bonfim** (sic).

Nos candomblés de **Ketu** e incorporado no **omolokô** (linguajar popular) é sicretizado como:

– **Obaluayê** = manifestação do jovem, sincretizado como São Roque (o início do ciclo).

– **Omulu** = manifestação do velho, o fim do ciclo e consequente renascimento é sincretizado como São Lázaro. Sua manifestação apresenta um velho alquebrado, flexionando o dorso, arquejante e de passos tardos e miúdos, apoiado sobre um cajado, transmitindo a ideia de que está sentindo dores, retorcendo-se. **Obaluayê** se manifesta como um guerreiro, desenvolvendo uma dança como se atacasse, portando também o **xaxará** (arma que contém os pós do segredo); o **xaxará** é também um cetro captador, pois capta as energias negativas e limpa as almas e o ambiente. Ele recebe as mesmas homenagens que **Omulu.** Os filhos dessa divindade são tensos, sábios e carregam uma certa tristeza. Costumam ser consultados para decisões importantes.

Têm como característica a grande força mediúnica e a solidão. O bom humor quase não faz parte de seu **ego**, mas são extremamente sarcásticos e irônicos, são bastante reservados e sóbrios e têm um gênio difícil, mas possuem uma generosidade destacada.

– **Suas cores:**
** **Omulu:** branco e preto.
** **Obaluayê:** preto, branco e vermelho.

– Essas cores também acompanham suas guias, nas mesmas cores para as duas manifestações da divindade. Usa-se uma guia especial para o velho, que geralmente se usa a tiracolo, feita de chifres de búfalos africanos: **liguidbá.** Há também a de búzios, com uma **poronga** (cabaça) recoberta de palha-da-costa entrelaçada. Suas vestes ritualísticas são feitas nas cores das guias e recobertas de palha-da-costa que tapa a fisionomia e todo o corpo. Na cabeça o **azé** (espécie de torso) trançado de palha, búzios e miçangas nas cores da divindade. Nos pulsos braceletes de palha-da-costa incrustados de búzios. Na mão, um cetro (**xaxará**) de palha-da-costa trançada e também ornada com búzios e miçangas. Usa ainda um **xauerê** – chocalho de guizos e palha-da-costa, nos tornozelos. Seu toque ritualístico é o **oponijé**. A erva mais constante usada para esses bacuros: gameleira preta e manjericão. Suas obrigações são entregues geralmente em uma gameleira preta, em uma furna ou no cemitério.

Seu dia consagrado é segunda-feira, atua no corpo humano em geral, mas a prevalência é o cérebro e o estômago.

– Suas bebidas:

- Vinho branco seco
- Água com dendê
- Suco de abacaxí
- Aluá (bebida feita de abacaxi e gengibre fermentados)
- Cerveja preta amarga

– Seu banho:

- Gameleira-preta
- Manjericão

(As ervas devem ser colhidas sempre no horário das 6 às 18h e deverão ser maçeradas ou raladas e nunca cozidas.)

– Animais de sacrifícios:

- Galo carijó preto e branco
- Porco piau preto e branco

– Comidas:

- Para **Omulu:** pipoca, azeite de dendê e farinha de milho.
- Para **Obaluayê:** bife de porco, azeite de dendê, pipoca, cebola e mel de abelha.

– **Frutas:**
- Abacaxi
- Laranja comum
- Lima
- Pitanga
- Fruta-de-conde
- Mamão
- Cajá-manga
- Jaca

– **Ajeum:**

– **Deburu:**
- Colocar o milho-pipoca em uma panela de barro ou de ferro, com um pouco de areia da praia ou lavada; após a pipoca espocar, colocar em um alguidar e regar com dendê.

– **Bife:**
- Temperar com alho e fritar o bife de carne de porco, decorar com cebolas cortadas em rodelas, servir em um alguidar ou prato de barro.

– **Apetrechos e armas:**
- **Xaxará:** cetro feito de palha-da-costa, no qual a divindade carrega seus pós: cura e morte e com ele realiza a energização do ambiente.
- **Xaurê:** é uma espécie de instrumento musical atrelado à sua perna, com o qual o **bakuro** dança, é ornado com fitas de várias cores.

– **Pedras ritualísticas (otás):**
- Pedra de limo furada e preta.
- Tapiocanga
- Ônix
- Cristal negro.

– Cumprimento (pawó):
- cinco batidas de palmas acima lentas
- cinco batidas de palmas abaixo lentas
- três batidas de palmas rápidas
- sete batidas de palmas de reverência
- tocar o chão e dar o **adobá.**

– Suas ervas:

- Sete-sangrias – erva muito forte, muito usada nos trabalhos em que se pretende acabar com doenças e negatividade (banhos do pescoço para baixo.

- Gameleira-preta – erva de suma importância no ritual, pois serve para banhos de descarga, limpeza e proteção, fazendo parte das obrigações de cabeça e de feitura. Muito boa no tratamento de feridas e pústulas (erva macerada e aplicada como emplastro).

- Manjericão-roxo – também exerce as funções da gameleira, na parte ritualística é também um excelente condimento para arroz, peixes e carnes. Seu chá, além de muito saboroso, é um excelente diurético e funciona também como calmante. Também suas folhas secas em defumação previne contra raios e coriscos em dia de tempestades.

- Rabujo – muito bom para espantar maus fluidos. Seu banho afasta os invejosos e portadores de olho grande. Pode ser utilizado nas defumações protetoras de ambiente.

- Jenipapo – as folhas servem para banhos de descarrego e limpeza. O cozimento de suas cascas atua contra úlceras. O suco de seu fruto combate a hidropsia.

- Fruta-de-conde – é uma fruta muito apreciada por essa divindade em suas oferendas. Além de ser muito saborosa e fortificante.

- Velame-do-campo – essa erva é muito utilizada dentro do ritual: banhos, obrigações de cabeça (**bori**) e defumações, propiciando uma limpeza ambiental muito boa. É antissifilítico e antirreumático.

- Velame-verdadeiro – possui plena aplicação em muitas das obrigações dessa divindade: de cabeça, nos **abôs**, nas defumações, banhos energéticos e de descarrego, sacudimentos ambientais. Muito recomendado nas afecções de pele, agindo também como um depurador do sangue.

• Mamoeiro – a fruta é muito ofertada para essa divindade, com grande receptividade; além de muito saborosa é também muito boa para males intestinais.

• Patinho-roxo – muito boa para sacudimentos e limpeza ambiental, sua defumação atrai espíritos benfazejos, que trazem harmonia em todo ambiente.

• Erva-de-passarinho – muito usada em sacudimentos e limpeza ambiental.

• Cajámanga – outra fruta dessa divindade, muito usada quando se quer fazer oferendas relativas à saúde.

• Baba-de-boi – utilizada em sacudimentos e limpezas comerciais.

• Jaqueira – a fruta é utilizada para oferendas. É um alimento muito forte e energético.

• Canela-de-velho – para trabalhos de abertura de caminho e para energização contra doenças.

• Cordão-de-São Francisco – banhos de limpeza e defesa – utilizada no combate aos males do pulmão – calmante.

• Quitoco – para banhos de descarrego e de limpeza – utilizada nos males estomacais, tumores abscessos. Também para os malefícios que acometem as mulheres.

• Cana-do-brejo – para limpezas ambientais: casas e residências (onde há um índice muito grande de doentes).

• Babosa – muito utilizada em rituais umbandistas (defumações) – é muito aplicada para problemas de hemorroidas (faz-se um pequeno supositório congelando pedaços dessa erva. Também tem aplicação como tônico capilar.

• Carqueja – muito utilizada em limpeza de ambientes (contra **kiumbas (eguns)**, de ótima aplicação contra os males intestinais e estomacais.

• Artemísia – para limpeza de ambientes comerciais (defumação) e banhos para jogar no comércio.

• Absinto – para defumações e também para pós-atrativos.

• Agoniada – de extenso uso ritualísco dessa divindade: lavagem de contas, descarrego, purificando os filhos, quebrando todos os fluídos negativos. Para asma e correção do fluxo menstrual.

• Alamanda – utilizada em banhos energéticos e de descarrego – cozinhando suas folhas faz-se um emplastro que é um excelente combatente de sarna, furúnculos e eczemas.

• Alfavaca-roxa – empregada em muitas das obrigações de cabeça – banhos de descarrego e limpeza e também em banhos de segurança. É um ótimo agente emagrecedor.

• Alfazema – muito utilizada em defumações e em banhos atrativos femininos. É uma erva excitante e antitussígena. Atua na regulagem da mentruação. Na medicina caseira é aplicada somente em chá.

• Açoita-cavalo – no nosso ritual essa erva é muito usada nos chamados banhos fortes, aplicados do pescoço para baixo, sempre em hora aberta. Muito boa apara atração de simpatia. Não há restrição em seu uso na medicina homeopática.

• Beldroega – erva usada na purificação dos **otás (pedras)**. Socada é um ótimo cicatrizante.

• Assa-peixe – erva usada em banhos de defesa e descarrego, pode-se também usar nos **amancis e boris** – o povo em sua sabedoria recomenda essa erva no combate às afecções respiratórias, em forma de xarope.

• Musgo – é uma erva específica dessa divindade, mas serve para todas as outras, no complemento a banhos de descarrego e de limpeza, também quando se quer limpar um ambiente pesado de doenças. Seu suco pode ser aplicado nas hemorroidas.

• Carobinha-do-campo – erva muito utilizada em alguns terreiros nos seus **cambiás (aliaxé)**. Seu chá é muito eficaz no combate ás coceiras do corpo em geral, mas principalmente na área genital.

• Coentro – muito usado como condimento nas comidas das divindades, principalmente nas obrigações que levam peixe e carne. Muito boa para problemas intestinais e gases.

• Erva-moura – usada nos banhos litúrgicos dos filhos dessa divindade, pois atua como um ótimo limpador de ambientes e do astral das pessoas. O pó de suas folhaas combate úlceras e feridas – seu chá serve como calmante (três xicaras).

• Estoraque-brasileiro – utiliza-se muito sua resina para defumações contra todos os malefícios, misturado ao bejoim e incenso – esse pó também é um excelente cicatrizante.

• Figo-benjamin – erva muito usada na purificação dos **otás (pedras)** – utiliza-se também no preparo dos fetiches de **Aluvaiá** ou **Exu**. É empregada também nos banhos fortes de descarrego e de limpeza, principalmente quando o mal que aflige a pessoa é obsessão ou obsidiação. Boa para curar feridas rebeldes, reumatismo (banhos).

• Hortelã-brava – empregada em obrigações de **ori, abós** e nos banhos de purificação. Combate o veneno de bichos peçonhentos. Muito eficaz contra gazes intestinais e dores de cabeça, além de ser diurética. Atua também nas doenças pulmonares.

• Guararema – nos terreiros de **umbanda e candomblé** é aplicada nos banhos de descarrego, defesa, limpeza e purificação. Seus galhos são utilizados em sacudimentos e defumações pessoais e ambientais. Esses banhos de defesa, descarrego e limpeza são aplicados em encruzilhadas, sempre nas horas cheias, arriando um **padé** ou **mi ami ami** para **Aluvaiá** ou **Exu** – combate abscessos, tumores. Boa também para banhos de assento contra hemorroidas.

• Jurubeba – só se usa em obrigações que têm intuito de descarregar e de limpar. Tem uma utilidade muito vasta no tratamendo das doenças hepáticas e do baço. Combate a hepatite.

– **Qualidades ou origem:** os **bakuros lunda-kioko** não são partes da mitologia e sim energia pura, ligados aos ritos e magias, sendo parte primordial do reino animal, vegetal e mineral. Uma série de conjunções energéticas, ritualísticas e intuitivas juntas geram encantamentos que nos levam resolução de nossos problemas ou questionamentos.

• **Afomá** – ligado às almas
• **Ajebelunje**
• **Akedalô**

- **Varinvaró**
- **Amokoreilê** – invocado para a cura
- **Jaburu** – o que rói a carne e deixa os ossos
- **Akaraé**
- **Kissanje**
- **Kafunjê**
- **Insumbu**
- **Kimbongo**
- **Kitembo**
- **Kanjanjá**
- **Baibaiiju agé**
- **Itoto kissanga** – ligado à epilepsia
- **Maitu** – epilepsia
- **Òmulúajò** – o que vê doenças
- **Kuango**
- **Kualanvango**
- **Iungo siengo**
- **Apanango**
- **Katulê**
- **Kijenje**
- **Kitungo**
- **Kassuenzô**

– Toques – ritmos:
- **Batá**
- **Agere**
- **Ilu**
- **Egó**
- **Hamunyia**

– Suas saudações:
- **"Atótóo ! Omulu a jí béèrú olúké sápadà!"**

(Silêncio! O filho do senhor é o senhor que grita, nós acordamos com medo e corremos de volta! – saudação nagô, por nós incorporada).

• **"Guzú guzú cofani"** (Saúde e vida).
• **"Kavungu mateba kukal kuíza"** (O pai da ráfia está chegando e eu te saúdo). – Resp.: **Pembele, kavungu** (Eu te saúdo).

– Pontos riscados:

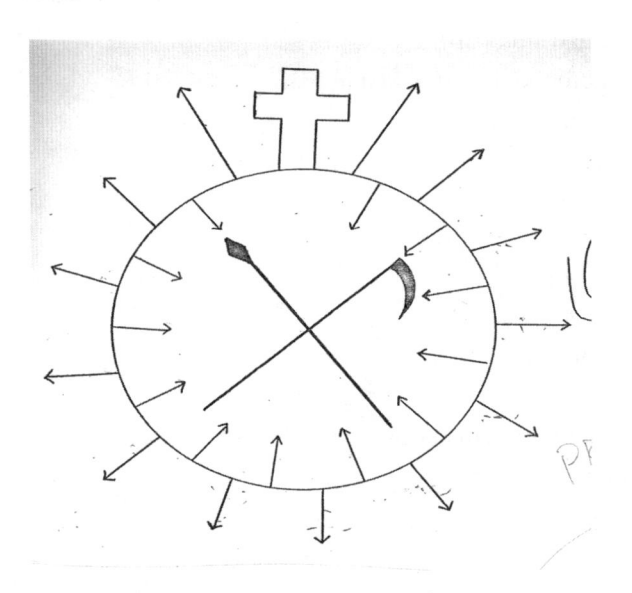

– Dia da semana:
     * O dia consagrado a esse bakuro é segunda-feira.

– Metais:

– Ingorossis:
     * Kaviungo azan lembadilê
     Unguí gonzcmo azan Zambiri...
     Uzan tála n'kise...
     Uzan tála n'kise...

* A faca daco tiamuquen denun
Eu tata kumbando
Tateto Kaviungo sina vuru
Que demin'angoma, ora manan kenam
Angorossi gueuiz zeuiz
Meu tata kumbando
Tateto Kaviungo sina vuru
Que demin'goma, ora manan kenan
Angorossi gueuiz zeuiz...

* Tateto Kaviungo
Newá azan pafundí
Siá mabú sina vuru
Siá mabú sina vuru
Newá azan pafundí...

* Unguiá inssá muki azan akodi
Tateto kafunge
Tateto kafunge
Siá mucossi
Abaté inso
Abaté inso

* N'zantála n'kice
Unketo nakúdi azan
Mabú sina vuru
Mabu sina vuru

– Vestes ritualísticas:
    * Essa divindade quando manifestada e quando seus filhos
se vestem para alguma solenidade tem como indumentária: roupas feitas em branco e preto (omolu) e branco, preto e vermelho
(obaluayê).

05) Kanjira – n'Kosi / Mukumbe – Ógun:

– **Bacuro, Ínkice** ou **Orixá** responsável pelas guerras, batalhas e demandas. É a divindade do ferro, mensageiro de **Ferimã – Gangarubanda – Lembareganga – Oxalá**. É a manifestação da luta, do esforço e defesa. É um guerreiro de personalidade instável, filho de **Ferimã – Gangarubanda – Lembareganga – Oxalá** e **Kianda Aioká – Kaitumbá – Yemanjá**. Sob sua influência estão as artes metálicas. Atua dominando **Aluvaiá** e **Bombogira**, distribuindo-lhes funções e encargos. Nas questões amorosas é sensual e aconchegante, mas na guerra é furioso e vingativo. Não dispensa uma boa peleja. Usa todos seus conhecimentos para defender seus filhos e quem a ele recorre. Protege a todos que usam o ferro para trabalhar (metalúrgicos, cirurgiões, açougueiros e agricultores). Seus filhos adoram estar com os amigos, transformando a rotina do dia a dia. Parecem suaves, mas, se houver conflitos, sempre se exasperam, explodindo em uma fúria devastadora. As pessoas que nascem sob a égide dessa divindade são de uma franqueza desconcertante, mas são extremamente curiosos. Não escondem que abominam o perdão e a derrota, preferindo sempre emitir seu grito de vitória, perante a guerra, são também impetuosos, belicosos, autoritários e até certo ponto egoístas, cautelosos e desconfiados. Essa divindade porta armas brancas de todos os tipos, principalmente espadas de fios cortantes. Como já dissemos é a divindade do ferro, e seu fetiche é um pedaço desse mineral que poderá ser substituído pela pedra que é encontrada nas grandes jazidas de ferro. É uma das divindades do panteão africano, das mais conhecidas e poderosas. Em todas as casas de santo e com os filhos de santo é gerador de um respeito ímpar.

– Apetrechos e armas:
• Lanças, capacete, espada, gládio, escudo, tudo em miniatura, para se colocar em volta de seus assentamentos ou fetiche. Acompanham ferramentas em miniatura em número de 7,14, 16, 21... São

54

as ferramentas de uso do homem: enxada, martelo, picareta, foice, alavanca etc.

– **Suas pedras (otás):**
  • Minério de ferro
  • Cristais vermelhos
  • Rubi

– **Metais:**
  * O metal dedicado a este bakuro é o ferro e suas derivações, mas o principal é o minério de ferro.

– **Ingorossis:**
  • N'kosi... n'kosi... n'kosi...
  Kuá azan unketo
  Unketo makamba
  N'kosi... n'kosi... n'kosi...

  • Mokumbo... andessê
  Quezá nakúdi...
  Quezá nakúdi
  Mokumbo alokô...

  • Unguiá liégi azan alokô
  Zambiu andaká
  Muzenza n'kosi mukumbe...
  Zambiu andaká...

– **Suas cores:**
  • Em algumas nações é usado o azul marinho. No **omolokô** é o verde e vermelho, como em suas vestimentas e adereços

– **Suas guias:**
  • De cobre, latão ou aço. Ou ainda o bronze e também as feitas de miçangas azul-marinho e no **omolokô** miçangas vermelhas e verdes.

– Pontos riscados:

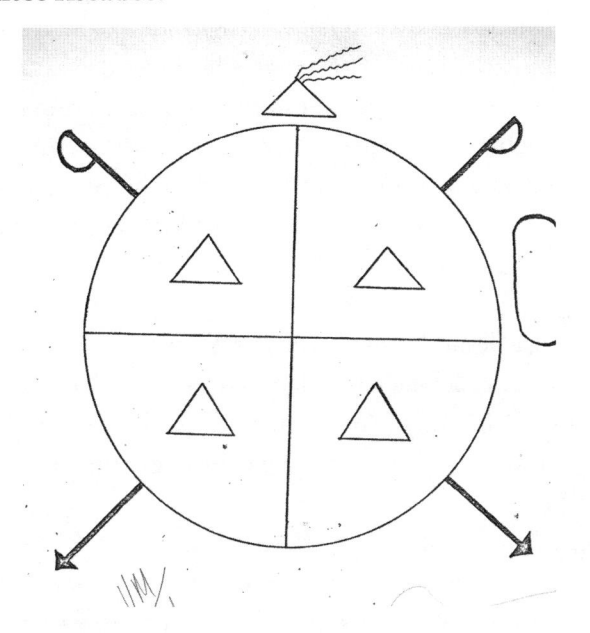

– Vestes ritualísticas:

• Saiote e ataká (faixa de tecido estreito amarrado ao peito), onde predominam as cores de sua nação: azuláo e no **omolokô:** verde e vermelho. Para nós ainda pega um capacete de metal ou tecido bordado e ornado com búzios, penas e palha-da-costa. Um saiote de palha-da-costa (**mariwô**) e também uma corrente que adornará o pescoço do iniciado.

– Comidas:

• Feijão-cavalo
• Feijão-fradinho
• Feijão-preto
• Azeite de dendê
• Bife de carne bovina
• Feijoada completa

– Ajeum ou oferendas de Kanjira – Mukumbe – Ógun:

• Farofa de feijão: colocar o feijão na água junto com o sal, tendo cuidado para não mexer e arrebentar os caroços, deixar cozinhar bastante. Depois de cozido, escorrer muito, colocar em uma panela de ferro rasa: toucinho para derreter, cebolas em rodelas também são colocadas na panela. Assim que as cebolas estiverem tostando, acrescentar farinha e torrar, por último colocar o feijão. Servir num alguidar ou em um recipiciente de ferro.

• Azeite de dendê com feijão: usar o feijão fradinho ou mulatinho com água e sal, levando para fermentar. Escorrer numa **urupema** (peneira). Pegar uma cebola e três dentes de alho e ralar. Colocar o azeite de dendê e fritar os temperos, acrescentando camarão seco, e misturar com o feijão, deixar escorrer e colocar em um alguidar ou vasilha de ferro.

• Inhame com farinha e camarão: cozinhar três inhames grandes e separar, fritar o camarão no azeite de dendê com bastante alho e coentro e depois de frito acrescentar rodelas de cebola e coentro picadinho. Misturar os inhames com farinha e regar com azeite de dendê quente. Colocar o camarão, as cebolas e o coentro e servir num alguidar.

– Animais de sacrifício:

• Boi ou garrote vermelho
• Galo ou frango avermelhado
• Bode sem chifres avermelhado

– Cumprimento (pawó):

• sete batidas de palmas à esquerda
• sete batidas de palmas à direita
• uma batida de palmas à frente
• uma batida de palmas atrás
• três batidas de palmas de reverência
• Em seguida o **adobá**

As obrigações são arriadas em encruzilhadas de trem-de-ferro, encruzilhadas de terra, ou ainda em pés de mangueiras ou pedras situadas perto de cachoeiras.

– Ervas:

• Alecrim – uma das principais ervas dessa divindade, atuando como forte protetor e como banho de descarrego – muito boa para hipertensão arterial.

• Alecrim-do-campo – outra erva com forte poder energético, propicia a limpeza corporal e espiritual, trazendo fluidos bons contra demanda e perseguições.

• Açoita-cavalo – erva de extraordinários efeitos nas obrigações, banhos de limpeza, descarrego, defesa contra demandas. Boa para sacudimentos domiciliares, principalmente se o filho estiver em demanda. Usada para debelar diarreias e disenterias, ajuda no tramento de reumatismos, feridas e úlceras (usada em forma de emplastro).

• Açucena-rajada ou cebola-cencém – usada especialmente em sacudimentos (bulbos).

• Espada-de-são-jorge.

• Goiabeira – pode-se usar em sacudimentos e seus galhos são bons para espantar **kiumbas (eguns)** – muito usada para quem tem intestino solto.

• Capixaba

• Peregun – muito usada quando se fazem combates a eguns e demandas.

• Arnica-lanceta – é empregada em obrigações de cabeça, **abôs**, banhos de purificação astral dos filhos dessa divindade – é um excelente remédio, pois é um cicatrizante quando usado em derrames oftalmológicos (chá tomado em pequenas doses), também recomenda-se seu uso em contusões, tombos, cortes e lesões em geral, pois atua como um grande agente cicatrizante, recompondo tecidos.

• Cana-de-macaco – muito usada nos banhos dos filhos que estão em recolhimento: tanto sacerdotal como para esfriamento de cabeça.

- Cana-do-brejo – usada para banhos de limpeza, também para defesa e contra demandas; pode-se colocar no banho de **abô**. Usa-se muito para combater os males renais, a anuria, á inflamações da uretra e também recomenda-se para combater leucorreias, é um antissifilítico

- Canjarana (pau-santo) – é um poderoso complemento no combate às **kiumbas (éguns)**, pois afugenta essas entidades, anulando as ondas de negatividade por elas desencadeadas. Para fins medicinais, utilizamos sua casca: seu chá atua como antitérmico, antidiarreico e é usado para combater dispepsias.

- Erva-tostão – usada apenas em banhos de descarrego – atua muito bem na medicina caseira e no combate aos males do fígado e em benefício dos rins.

- Bredo

- Cajazeiro

- Jaboticabeira – usada nos banhos de descarrego e limpeza – quando a situação do filho estiver problemática, fazer os banhos pelo menos a cada quinzena, para que ele possa restabelecer suas forças materiais e espirituais. O cozimento de suas entrecascas é indicado para asma e hemoptises.

- Mangueira

- Beldroega

- Jambo-amarelo – sempre usado nos **abôs** e obrigações de cabeça. As folhas são aplicadas na purificação dos filhos dessa divindade, para que suas forças se energizem e possam caminhar sem tropeços – é um chá muito usado para emagrecimento.

- Jambo-encarnado – sempre usado nos **abós** e obrigações de cabeça. As folhas são aplicadas na purificação dos filhos dessa divindade, para que suas forças se energizem e possam caminhar sem tropeços é um chá muito usado para emagrecimento.

- Jatobá – erva poderosa para energização do campo astral. É um ótimo fortificante.

- Amor-crescido.

• Limão-bravo – planta muito usada quando se precisa dar um banho na pessoa com problemas de demanda e justiça, para que **Kanjira – Mukumbe – Ógun** interceda e dê caminhos propícios. Essa erva em composição com bromofórmio é um agente fortíssimo contra tosses e mal dos brônquios e pulmões.

• Botão-de-santo antônio

• Inhame – é um tubérculo muito apreciado por **Kanjira – Mukumbe – Ógun**, podendo-se dizer que é um dos seus preferidos, seu uso em obrigações é bem diversificado, pois, além de agradar essa divindade, propicia ao filho abertura de caminho e resoluções bastante rápidas; excelente alimento, pois é rico em vitaminas e combate anemia e deficiências gástricas.

• Chapéu-de-couro – muito usada nos banhos que visam energizar positivamente os filhos de **Kanjira – Mukumbe – Ógun,** dando--lhes caminhos menos tortuosos; seu chá combate deficiências renais e é um excelente diurético.

• Porangaba – serve para quase todas as obrigações de limpeza, pois afugenta maus espíritos e obsessores – é um tônico revigorante e excelente diurético.

• Eucalipto

• Losna – não se usa muito no ritual, mas quando assim se precisa, macera-se e mistura-se em banhos de defesa contra demandas e pendências judiciais. É um poderoso vermífugo, muito combativo quando a pessoa possui solitárias. Chá-macerada é um importante agente hepato-estomacal, enriquecendo a flora intestinal. Muito boa contra febres.

• Aroeira – é aplicada nas obrigações de cabeça (esfriamento), sacudimentos e banhos contra demandas e para defesa, muito usada também para auxiliar a lavagem dos assentamentos.

• Agrião – erva usada para sacudimentos em que se quer dar vitalidade e saúde. É um excelente alimento, rico em vitaminas e sais minerais. Excelente no combate à tosses, bronquites. É um expectorante de ação ligeira e eficaz.

• São-gonçalinho – é uma erva santa, pelas múltiplas aplicações ritualísticas. É um excelente antitérmico, usado contra febres intermitentes e chá.

– **Bebidas:**
   Cerveja branca
   Aluá

– **Frutas:**
   Abacaxi
   Manga-espada
   Goiaba
   Cajá
   Jaboticaba
   Jambo-amarelo
   Jambo-encarnado
   Jatobá

Qualidades ou origem: os **bakuros lunda-kioko** não são partes da mitologia e sim energia pura, ligados aos ritos e magias, sendo parte primordial do reino animal, vegetal e mineral. Uma série de conjunções energéticas, ritualísticas e intuitivas, juntas, geram encantamentos que nos levam à resolução de nossos problemas e questionamentos.

Megê – ligado à **Kaviungo – Kimbotó – Omulu – Obaluayê**
Dilê – ligado à demanda com a lei
Naruê
N'kosi
Malê – ligado à **Kaviungo – Kimbotó   Omulu – Obaluayê**
Oniré
Rossi Mokumbo
Kitaguaze
Minicongo

Jagun
Jabambari
Timbiri
Matinada
Gongo Mucongo
Naguê
Mugomessá
Magê
Obeferan
Lebedê
Mavalutango
Dagolonan
Kitongo
Alundá

*** temos ainda uma série de entidades ligadas a ogum por nós reverenciadas e que são oriundas da **umbanda:**

Ogum beira-mar
Ogum de ronda
Ogum yara
Ogum rompe mato
Ogum matinada
Ogum de lei

– Toques – ritmos:
Agere
Ilu
Ègó
Adahun
Hamunyia

62

– **Saudação:**
"**Ògún yé, pàtàkì orí òrìsà !!!**"
(Salve ogum, Orixá importante da cabeça!!! Ou: ogum o cabeça dos Orixás importantes). Saudação nagô incorporada em nosso culto. "**Iuna kubanga kuta kuetu n'kosi**" (**n'kosi,** aquele que briga por nós). Resp.: **n'kosi ê** (salve **n'kosi**).

– **Dia da semana:**
   * O dia a ele consagrado é terça-feira

– **Sincretismo:**
   * Em alguns lugares é sincretizado como São Sebastião e na maior parte do Brasil como São Jorge.

06) Madé – Gongobira – Óxossi:

– **Bakuro** ligado à caça, é simbolizado pelo arco e flexa (**ofá**) que acompanham sua pedra (**otá**). É a manifestação do sustento. Seu domínio é a fauna e a flora. É um **bakuro** que transborda intuição e emotividade, transmitindo a seus filhos essas características. **Óxossi,** no Brasil, é o patrono do candomblé. É um caçador nato; segundo algumas lendas oriundas da África é o irmão mais novo de **ogum.** Este **bakuro** é o protetor dos caçadores e também dos policiais. Por isso é chamado de deus da caça. Os filhos desse **bakuro** são lutadores, obstinados e nunca entregam os pontos, buscando sempre seus objetivos com garra. São místicos e alguns podem possuir poderes sobrenaturais. São alegres e agitados, contaminando de forma positiva o ambiente em que estão inseridos. Também são altruístas e abnegados, são sinceros (o que às vezes é visto como um defeito por alguns) – é sincretizado como São Jorge por algumas etnias religiosas e seu dia é terça-feira, mas para nós de **omolokô** é São Sebastião e seu dia para nós é quinta-feira.

– Suas cores:
Verde e branco e também o verde
Pode também ser azul fosco claro

– Guias:
Seus fios são feitos de miçangas verdes ou verdes e brancas, sendo que o verde usado é de uma tonalidade mais forte.

– Vestes ritualísticas:
Deve haver predominância do verde. Usa-se um saiote de plumas verdes ou imitando um couro de onça. Usa-se também braceletes de bronze. Nas mãos um arco e flexa, na cabeça ou um chapéu de aba larga e de couro ou um penacho com bastante pena, nas costas aljava com flexas e peles de vários animais.

– Comidas:
Gosta muito de peixe de escamas, arroz, milho vermelho e feijão fradinho, camarão seco, azeite de dendê, cebola, coco, amendoim. Dependendo do ritual usar mel de abelha, mas não muito; não pode também faltar abóbora.

– Ajeum de Made-Gongobira-Óxossi:
• **Milho cozido:** limpar as espigas de milho, tirando as barbas e passar em um rolo deixando-as inteiras, uma a uma, levar ao fogo e cozinhar com água e sal, depois enrolar nas palhas e servir em alguidares ou folha de bananeira, sempre em cima de um tecido verde ou verde e branco.

• **Papa de milho verde:** é um prato de muita aceitação do **bakuro** das caças: limpar as espigas de milho até tirar todos os fiapos. Ralar bem as espigas, tendo o cuidado para não ralar o sabugo. Após raspar, a massa é colocada em uma **urupemba** e coada; fica uma espécie de mingau, que é levado ao fogo e temperado com um pouquinho de erva doce, açúcar, canela em pedacinhos e canela ralada. Mexer bem, para ter o cuidado de não encaroçar; quando estiver endurecendo, colocar em formas pequenas e deixar esfriar. A palha que se tirou da espiga servirá para embrulhar e depois é só colocar no alguidar e servir.

- **Peixe:** pescada, dourado, piau etc. – limpar o peixe, deixando-o em condições de rechear. Usar uma gamela para colocar: cebola, camarão seco, coentro moído, tudo untados no azeite de dendê e salsa. Usar farinha de mandioca de preferência e encher a barriga do peixe. Costurar e levar ao forno de lenha (obs.: se não tiver forno a lenha fazer um buraco no chão, enrolar o peixe em bastante folha de bananeira e cobrir com brasas) colocando bastante azeite de dendê para não grudar. Quando estiver pronto colocar temperos por cima e também urucum. O alguidar ou vasilha de barro devem ser ornados com rodelas de cebola, salsinha, cebolinha, coentro e ervas do santo. Esfriar e arriar no assentamento.

– Animais de sacrifício:
Boi
Bode
Porco piau
Galo mariscado
Coquém (galinha d'angola)

– Apetrechos e armas:
Arco e flexa (miniatura)
Espingarda (miniatura)

Obs.: essa divindade tem como assentamento um otá de pedra limosa e esverdeada. O local para entrega de obrigações, quando não no quarto santo (**ronkó**), é nas matas, nos pés de ingá, eucaliptos e árvores frondosas.

– Bebidas:
Aluá – bebida feita de abacaxi e gengibre, fermentados.
Vinho moscatel

Vinho branco doce
Vinho rosado

– Ervas:

• Tira-teima – erva muito usada para afastar mau olhado e para purificação dos filhos dessa divindade, limpeza de corpo e abertura de caminhos e para acalmar os espíritos que só trazem doenças.

• Guiné – utilizada em todas as obrigações de cabeça, no **abô**, para banhos de descarrego, limpeza, indispensável na **umbanda, omolokô, angola, ketu, jejê etc.;** muito usada nos males intestinais, ótima no combate à má digestão, sempre em chá.

• Caiçara

• Fumo

• Alfavaca-da-horta

• Dracena-rajada

• Milho – o pé de milho pertence à **Madè – Gongobira – Óxossi**, sendo as espigas uma das comidas prediletas desse **bakuro**, tanto que se recomenda manter sempre em casa uma verdinha, pois traz fartura e abundância. Seu cabelo é um excelente diurético.

• Capim-limão – é uma erva sagrada dentro dos terreiros, pois proporciona a aproximação de espíritos benfeitores e benfazejos. Seu chá auxilia na digestão.

• Cipó-caboclo – erva muito usada para desenvolvimento, fazendo com que as pessoas tenham uma boa irradiação. Excelente para banhos de descarrego e limpeza. Muito boa para inflamações das pernas e problemas de testículos.

• São-gonçalinho – é uma erva santa, pelas múltiplas aplicações ritualísticas. É um excelente antitérmico, usado contra febres intermitentes e chá.

• Jasmim-manga

• Cipó-camarão – para banhos de descarga e limpeza, defumações. Indicado no tratamento de feridas e contusões.

- Groselha – suas folhas e frutos são utilizados nos banhos de limpeza e de purificação, também para se servir nos assentamentos. Seu xarope é aplicado no combate de tosses e bronquites.
- Guaco – muito utilizado nos trabalhos e banhos que visam limpar e abrir caminhos. Tem como outro nome coração-de-jesus. Combate problemas pulmonares com grande eficácia, é usado como xarope e, se se acrescentar agrião, a sua eficácia dobra. Para mordedura de répteis peçonhentos é só aplicar folhas maceradas no local da mordida e internamente aplicar o chá.
- Alfazema-de-caboclo – é muito utilizada para o **bori**, para lavagem das contas e também para os banhos propiciatórios dos iniciados. Muito boa no tratamento das afecções respiratórias, eliminando o catarro brônquico. Toma-se em forma de infusão.
- Jurema-branca – muito boa para todas e quaisquer obrigações de **ori**, em banhos de limpeza ou descarregos. Pode ser usada nos **abôs** e sacudimentos. Utiliza-se também nas defumações de ambientes, principalmente os de trabalho. Seu chá tem efeito narcótico e combate a insônia. É um ótimo adstringente (cascas).
- Malva-do-campo ou malvarisco – banhos de descarga, limpeza e descarrego. Muito boa quando usada para desinfecções da boca e garganta e também para abscessos gengivares: bochechos e gargarejos.
- Peregum-verde – serve para muitas obrigações de segurança, abertura de caminhos e contra os **kiumbas (éguns)**. Ajuda muito no trato de reumatismos, compressas e banhos.
- Peregum-verde-amarelo – serve para muitas obrigações de segurança, abertura de caminhos e contra os **kiumbas (éguns)**. Ajuda muito no trato de reumatismos, compressas e banhos.
- Caramboleira – o fruto dessa árvore é um dos preferidos de **Madé – Gongobira – Óxossi**, muito bom para arriadas em que se pedem saúde e fortalecimento do corpo material e espiritual.
- Carqueja
- Murici

• Araçá ou araçá-de-coroa – utilizado nos esfriamentos de cabeça, banhos de descarrego e limpeza, **abôs** e sacudimentos. Muito utilizado quando se tem muitas doenças. Bom para desarranjos intestinais, colocando fim às cólicas.

• Abre-caminho – como o próprio nome diz é de suma importância para realizações de trabalhos que visa propiciar aos filhos abertura de caminhos: negócios, saúde, trabalho e inteligência. Usa-se no banho ou em defumações e sacudimentos.

• Assa-peixe

• Eucalipto – muito utilizado em defumações, para combater olho-gordo, inveja e mau-olhado. Muito bom para se fazer inalações, pois desobstrui o aparelho respiratório.

• Araçá-de-praia – planta arbórea pertencente à **Kianda Aioká – Kaitumbá – Yemanjá e Madé – Gongobira – Óxossi.** Empregada nas obrigações para saúde, fortalecimento e de cabeça. Muito utilizada nos banhos de purificação dos filhos dessas divindades. Muito boa para curar hemorragias, sempre usada em cozimentos, para problemas genitais. Fazer o cozimento e banhar.

• Araçá-do-campo – para limpeza, sacudimentos e esfriamentos e banhos de saúde. Também pode ser utilizado em defumações tanto para casas ou comércios. Seu chá é empregado no combate contra a diarreia e disenteria e é um corretivo das vias urinárias.

• Acácia-jurema – usada em banhos de limpeza, principalmente nos filhos de **Made – Gongobira – Óxossi** – muito usada em defumações, pois espanta com seu cheiro os **kiumbas (éguns)** – no campo medicinal suas compressas ou banhos combatem úlceras, cancros e erisipelas.

• Capeba ou pariparoba – muito usada nas obrigações de cabeça e no **abô**, principalmente em filhos recolhidos com **quizilas** de toda espécie, tem um prestígio enorme nos **candomblés de ketú** e também nos cultos **lunda-kioko (omolokô)**, pois além de proteger e limpar, ela é ótima para engrandecimento astral e espiritual e serve também nas cerimônias de tirar **vumbi**. Seu chá é especialmente usado para debelar os males do fígado e as raízes servem para, quando cozidas, curar doenças uterinas. É diurética.

• Alfavaca-do-campo – empregada nas obrigações de cabeça, banhos de descarrego, limpeza astral, defumações que atraem bons fluidos e também nos **abôs**. Muito usada como xarope para combater problemas do aparelho respiratório, como tosses e catarro dos brônquios; também é de uma eficiência ímpar contra coqueluche.

• Alfazema – conhecida popularmente como jureminha, de uso quase que total nas obrigações de cabeça, banhos e defumações. Seu chá, utilizando os pendões, é indicado para tosses e bronquites.

– Frutas:
Carambola
Milho
Goiaba
Uva branca
Pera
Abacaxi
Kiwi
Maracujá
Amendoim
Coco

– Sincretismo:
São Sebastião – RJ, MG, SP, RS
São Jorge – todo nordeste

– Dia da semana:
Quinta-feira.

– Saudações:
Òkè àró, òdé!!! – Salve o caçador !!!
Òkè bàmbíeó klimé !!! Òsóòsì – Óxóssi, caçador de alta graduação honorífica.

Kabila ukongo kuala enioso – Salve o caçador, ele caça para todos. Resp.: **akumenekene mukongo!!!**

– Toques – ritmos:
Àgeré
Ilù
Égó
Adahùn

– Pawó:
– três batidas de palmas bem espaçadas, levando-se cada vez as mãos fechadas para adiante e para cima lentamente.
– sete batidas de palmas lentas na frente
– três batidas rápidas
– sete batidas de reverência

Adobá
– Pedras (otás):
Jade
Esmeralda
Cristal verde
Pedra esverdeada

Qualidades ou origem: os **bakuros lunda-kioko** não são partes da mitologia e sim energia pura, ligados aos ritos e magias, sendo parte primordial do reino animal, vegetal e mineral. Uma série de conjunções energéticas, ritualísticas e intuitivas juntas geram encantamentos que nos levam à resolução de nossos problemas e questionamentos:

Katalambo
Gongojá
Tiuré
Kassuté
Obikaia

Tala – kewala
Kutala
Itaimbé
Itaiaçu
Inlé
Itakissé
Baranguanje
Umbualama
Mutalambô
Kitalamugongo
Okitalande
Laguné
Sibalaé
Tawa – min
Kaitimba
Mutakalambo
Burungunsu

– **Pontos riscados:**

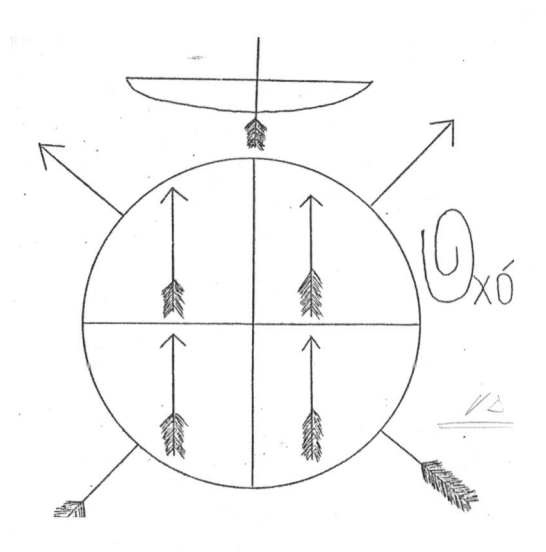

– **metais:**
   * Cobre
   * Bronze
   * Estanho.

– **ingorossis:**
   Tawá mim newáazan mon'angomi
   Newá mabú lakanji pafundi
   Tawá mim newá azan mon'angomi
   Azan mon'angomi

   Gongobira kukiá olotó n'bá ktázi
   Inssá risué azan bakerê
   Azan suazi inguê
   Gongobira kukiá olotó...

   Maleme Gongobira...
   Maleme n'kise....
   Unguí mukaji
   Mabú niáka niáxa
   Maleme n'kise

07) Kissimbi – Kambalassinda – Dandalunda – Óxun:

– Essa divindade é a manifestação da candura, do amor, da pureza e bondade. É a deusa das águas doces: rios, fontes e lagos, **bakuro** ou **Orixá** da riqueza e considerada a mais bela das divindades africanas femininas. Tem personalidade maternal e tranquila. Tem sob seu domínio o subsolo do universo. Como deusa das águas doces, tem sua representação nas cachoeiras, rios e seixos, está ligada à fecundidade e procriação. Segundo a lenda yorubana foi esposa de **ogum** e era também a favorita de **Xangô** em assuntos sexuais. Seus filhos têm por característica a calma, são sonhadores, atruístas, desprendidos e ponderados. Essa deusa é feminina ao extremo, cheia de dengo e sagacidade, inteligente, muito vaidosa e doce e é também protetora das crianças. Essas qualidades ou defeitos fazem parte do arquétipo de seus filhos, mas não se engane: esse **bakuro** é uma poderosa e experiente feiticeira. Todos os seus filhos devem tomar muito cuidado com álcool, drogas e doenças sexualmente transmissíveis. Seus filhos são loucos por joias e também gostam de ser adulados. Todos os filhos que nascem sob a regência dessa deusa têm fortes ligações ou desempenham trabalhos relacionados às artes e por qualquer profissão que permita uma rápida ascensão social ou financeira.

– Vestes do ritual:
Amarelas com enfeites azuis, brancos e rosa. Na cabeça um diadema em forma de coroa com um fiilá ou imbé (franja) de pingentes e vidrilhos dourados cobrindo a face. Nas mãos um **abebê** (leque espelhado) e uma espada pequena com um pequeno escudo, braçadeiras de metal dourado e muitas pulseiras douradas (**idês**).

– Animais de sacrifício:
Cabra branca
Cabra amarelada
Galinha branca
Galinha amarelada
Galinha d'angola (**coquém**) branca

– Suas bebidas:
Champanhe
Vinho moscatel
Vinho branco

– Dia da semana:
Sábado

– Pedras (otás):
Cristal amarelo

Pepita de ouro bruta
Pedra amarelada do fundo de um rio
Seixo limoso de rio, cacimba ou lago

– Sincretização:
É sincretizada no Rio de Janeiro como Nossa Senhora da Conceição e na Bahia como Nossa Senhora das Candeias.

– Comidas e oferendas:
Ovos
Feijão-fradinho
Oberém
Omolocum
Xinxim de galinha
Peixes de água doce

– Algumas comidas:

• **Moqueca:** limpar o peixe, escamando e lavando com bastante limão e água, depositar as postas em uma panela de ferro ou de barro, depois preparar o molho composto de sal, pimenta malagueta, coentro, limão, tomate, cebola, alho, derramar sobre o peixe o molho depois de moído. Cozinhar o peixe antes de levá-lo à panela, colocando bastante azeite de dendê.

• **Milho:** pegar espigas de milho branco e cozinhar, depois regar com bastante mel e circundar com ovos cozidos. Rodear de cebola cortada e coentro picado. Arrumar em um alguidar ou panela de barro.

• **Xinxim de galinha:** limpar a galinha e cortar nas juntas, colocar para cozinhar com um pouco de sal e uma xícara média de camarão seco, salsa, cebolinha, coentro, pimenta, alho e cebola ralados, com uma porção de azeite de dendê. Colocar água até cozinhar a galinha. Depois de cozida, retirar a sobra de água, acrescentar duas medidas de azeite de dendê, mais o molho para refogar. Esfriar e servir em um alguidar.

– Apetrechos e armas:
Peixe de metal
Lua de metal
Estrelas de metal
Coração de metal
Leque (**aberê**)
Espada
Idés
Escudo de metal
Pulseiras de metal
Peiteira de metal

– Assentamentos:
Peixe de metal
Lua de metal
Estrelas de metal
Coração de metal
Leque (**aberê**)
Espada
Idés
Colares

– Suas frutas:
Mamão
Banana-ourinho
Banana-prata
Uva branca
Cebola
Peras
Jambu
Ameixa

– **Suas ervas:**

• Brilhantina – erva importantissíma nos rituais **lunda-kioko** (**omolokô**), usada para limpeza, **bori**, assentamentos, banhos energéticos de limpeza e descarrego. Lavagem das miçangas e contas. Além de ser usada nos banhos de purificação dos filhos e filhas de **Kissimbi – Kambalassinda – Dandalunda – Oxun**, usada também para limpeza do jogo de búzios.

• Bicuíba

• Vassourinha-de-igreja – muito usada nos sacudimentos pessoais e comerciais.

• Mal-me-quer-do-campo – para sacudimentos em que se quer melhorar o astral amoroso. É um bom cicatrizante, é só colocar o sumo em cima das feridas.

• Mal-me-quer-calêndula – é usado em obrigações de **ori** e nos **abôs** e banhos de purificação dos filhos e filhas dessa divindade. As flores têm propriedades excitantes, são reguladoras do fluxo menstrual. As folhas também são usadas para controlar a menstruação.

• Mal-me-quer-miúdo – é usado em obrigações de **ori** e nos **abôs** e banhos de purificação dos filhos e filhas dessa divindade. As flores têm propriedades excitantes, são reguladoras do fluxo menstrual. As folhas também são usadas para controlar a menstruação, e é também cicatrizante.

• Oriri – entra em todas as obrigações de **ori** e nos sacudimentos dos filhos e filhas de **Kissimbi – Kambalassinda – Dandalunda – Óxun**, banhos de limpeza e descarrego. É indicado como diurético e também como estimulante do fígado.

• Cebola – esse bulbo é muito usado nos trabalhos de esfriamento e de segurança dos filhos e filhas de **Kissimbi – Kambalassinda – Dandalunda – Óxun**. É usada como um grande protetor dos brônquios e pulmões, age também na garganta, além de ser um tempero excelente.

• Jambuzeiro – para sacudimentos e limpeza ambiental, age contra os malefícios causados por espíritos obsessores. Sua fruta serve de alimento e agrado para **Kissimbi – Kambalassinda – Dandalunda – Óxun.**

• Jarrinha

• Erva-de-Santa-Luzia – muito utilizada nas obrigações que tendem a esfriar a cabeça e também no **bori**, no cerimonial de lavagem das contas, para tirar **vumbi**; os banhos dessa erva ajudam a desenvolver a mediunidade vidente. Ela atua com grande eficácia no tratamento de alcoolismo. Suas folhas cozidas são utilizadas no combate de doenças oftalmológicas.

• Nenúfar

• Papo-de-perú

• Ameixeira – sua fruta é um grande agrado para essa divindade, propiciando um bom astral no que diz respeito às coisas do coração. Suas folhas são um ótimo complemento para o tratamento da hipertensão arterial, agindo como um diurético.

• Assa-peixe

• Melissa – serve para sacudimentos e limpezas ambientais – excitante e antiespasmódico. Atua no sistema nervoso, agindo como um calmante e tonificante – contra irritações, agitações nervosas, histerismos e insônia.

• Poejo – usada para sacudimentos e trabalhos amorosos – combate gases e afecções intestinais.

• Malva – usada para apaziguar ambientes e para desenvolvimento.

• Camomila – tem função energizante para o astral, atua nos sacudimentos trazendo doçura para o ambiente, quando também é usada como defumação – muito boa para resolução de problemas intestinais, principalmente nas crianças: cólicas, gases, reestruturando as funções intestinais. É um tônico estimulante e ajuda a combater diopepsias e abre o apetite.

• Chibata

• Erva-doce – para defumação que vai atrair bons fluidos e abertura de caminhos – atua com grande eficiência nos problemas estomacais e também age como calmante.

• Erva-cidreira – serve para sacudimentos e limpezas ambientais – excitante e antiespasmódico. Atua no sistema nervoso, agindo como um calmante e tonificante – contra irritações, agitações nervosas, histerismos e insônia.

• Funcho – usado para apaziguar ambientes (defumação) – seu chá combate gases e problemas estomacais.

• Lágrimas-de-nossa-senhora – sempre usado na defumação de preto velho, suas folhas maceradas são recomendadas para dor nas pernas.

• Agrião-do-pará (jambuaçu) – pouco conhecido na região sudeste, é usado no preparo de banhos de limpeza e de defesa, descarregando com muita eficácia o filho ou filha dessa divindade.

• Alfavaca – usada para banhos de descarrego e para se proteger de bichos peçonhentos, seu chá é muito bom para as mazelas pulmonares. Também combate o mau hálito.

• Três-corações ou azedinha – muito boa para banhos voltados para as coisas do amor, imantando o filho ou filha – combate a disenteria, elimina gases e age como vermífugo.

• Bananeira – seu fruto serve para a culinária dessa divindade e suas folhas servem para forrar ou cobrir obrigações de **Kissimbi – Kambalassinda – Dandalunda – Óxun**; o xarope da seiva e da fruta é um excelente combatente de problemas pulmonares e das vias respiratórias.

• Caferana (alumã) – são utilizadas em defumações e banhos de esfriamento dos filhos ou filhas de **Kissimbi – Kambalassinda – Dandalunda – Óxun,** deixando-os bastante calmos. Serve com laxante, limpando estômago e intestinos sem causar danos; é um vermífugo excelente.

• Cambará – muito utilizado nos banhos preparatórios de quaisquer obrigações que exigem o recolhimento dos filhos ou filhas dessa divindade ou de pessoas que a ela recorram. Usado contra a tosse e rouquidão (xarope).

- Erva-de-santa-maria – para obrigações de cabeça e banhos de descarrego e defesa – combate lombrigas (ascárides) e também auxilia no trato das vias respiratórias.
- Ipê-amarelo – para defumação ambiental, trazendo harmonia e proteção. Cozinhando-se sua casca e entrecasca faz-se um preparado que serve para gargarejos, inflamações da boca, tonsilas e estomatite.

Mãe-boa – erva sagrada de Kissimbi – Kambalassinda – Dandalunda – Óxun, serve para decorar as obrigações e também banhos de limpeza.

– Saudações:
Óra yèyé ó fí dé rí omom !!! – Mãe cuidadosa, aquela que usa coroa e olha seus filhos – rainha e mãe.
Óra yéyé ó – Mãe cuidadosa.
Mametu kiambote maza mazemza – Oh!!! bela mãe de água doce. Resp.: **kissimbí ê.**

Qualidades ou origem: os **bakuros lunda-kioko** não são partes da mitologia e sim energia pura, ligados aos ritos e magias, sendo parte primordial do reino animal, vegetal e mineral. Uma série de conjunções energéticas, ritualísticas e intuitivas, que juntas geram encantamentos que nos levam á resolução de nossos problemas e questionamentos:

Kissimbi (rege as cacimbas)
Epondá/Ayapondá (rege as cachoeiras/mais velha)
Apará (navegantes)
Yaloxum/Oloxum (ligada à Nanã)
Anioká (rios das selvas)
Eubandá (velha)
Abalô (ligadas aos erês)
Yapansô
Danda belé

Danda possu
Golungoloni
Maiombe
Lundamudila
Danda dalu
Danda simbé
Iabaomim
Abdê
Aboté
Vinsin
Kitolomim
Nissalunda

– Suas guias:

* São feitas de missangas amarelo-ouro ou amarelo-escuro, de acordo com a origem do bakuro.

– Pontos riscados:

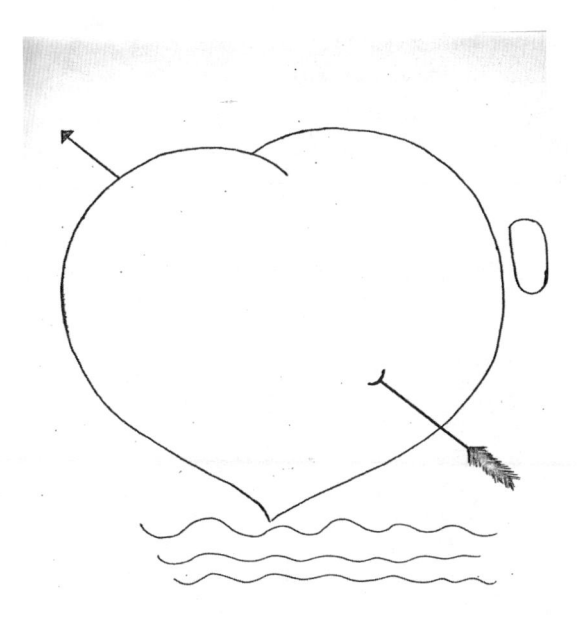

– Metais:
Seu metal é o ouro e tudo a ele relacionado

– Ingorossis:
Unguí euála inssê
Unguí eruála inssé
Kissimbi dandaluna m'bú zuássi
Kissimbi dandaluna m'bú zuassí...

Lundamudila...lundamudila....
Lezó kajamugonssú
Lezó kajamugonssú
Lundamudila....lundamudila...

Abokun bakerê
Inssá unketá mukí azan akodi
Newá nauatu mukossi abokun...

– Pawó:
De joelhos
uma batida de palmas lenta à esquerda
três batidas de palmas rápidas à esquerda
uma batida de palmas lenta à direita
três batidas de palmas rápidas à direita
sete batidas de palmas de reverência

– Adobá.

– Suas cores:
Amarelo-ouro
Amarelo-ovo

– Toques e ritmos:
Batá
Aguerê
Ilú
Ìjèsà

08) Kianda Aioká – Kaitumbá – Yemanjá:

– É a manifestação da procriação, da restauração e das emoções. É considerada a deusa dos mares e oceanos. Seu poder vivificador se estende por todo elemento aquoso, gerando e nutrindo novos seres. É também a mãe de todos os **bakuros/Orixás**. Seus seios fartos simbolizam a maternidade e a fecundidade. Seu grande prazer é atender mulheres com problemas de fertilidade. É rigorosa e defende seus filhos com garra e ardor, empunhando sempre uma espada, para levar sua justiça. Essa divindade é o esplendor da natureza, símbolo-mor da fecundidade e reprodução. Seu fetiche é uma pedra marinha polida pelas próprias águas. É dócil e maternal, transmitindo para seus filhos essas qualidades. Eles também são sensíveis e protetores, gostando de dar ordens. São de temperamento obstinado, decididos e carregam uma ansiedade ímpar. São voluntariosos e gostam de se intrometer, fazendo dos problemas alheios os seus. Gostam do luxo, riqueza e quase todos têm tendências para engordar. Geralmente as mulheres possuem seios volumosos, nádegas pequenas, fazem uso, mesmo sem saber, de uma vasta cabeleira, costumam se achar as mais sábias. Sempre protetoras, quando diz respeito aos seus. Essa divindade no Brasil adota ainda o nome de dona Janaína. A título de curiosidade: ela tem como serviçal uma sereia negra de nome **Kituta**.

– Suas cores:
   * Azul-transparente
   * Prata
   * Branco com azul

– Suas guias:
   * Suas missangas são na cor azul-transparente e branco-transparente ou brilhante.
   * Pode ser também uma combinação das duas cores.
   * Podem ser de cristal (branco-transparente ou azul-transparente)

– Pontos riscados:

– Vestes ritualísticas:
   * Suas vestes no ritual são de cor branca-prateada, podendo ser também azul claro.
   * Na cabeça leva um filá ou coroa prateada, ornada com pérolas, búzios e missangas azuis e cristais caindo na face.
   * Carrega na mão um cetro em forma de sombrinha assemelhado ao paxoró, com representações marinhas. No seu assentamento vão búzios, pedras marinhas, tudo isso em tigelas de louça branca.

– Comidas:
   * Essa divindade aprecia muito manjar branco, peixes ornados com taioba e polônia, regados a muito azeite de oliva; também uvas brancas com muito mel. Aliás, essa entidade aprecia todos os frutos do mar, feitos de acordo com os princípios de cada etnia religiosa, sobressaindo acima de tudo o camarão; ela também aprecia bolinhos de acaçá com leite de coco branco para regar.

– Animais de sacrifício:
* Cabra mocha branca
* Ovelha mocha branca
* Pata branca
* Galinha branca

Esses animais não podem ter sido criados em granja e sim soltos pelas fazendas, longe de hormônios ou qualquer coisa semelhante, que acelerem e deturpem o crescimento.

– Ajeum:
* **Camarão de Yemanjá** – pegar um litro de camarão e moer, com a massa obtida, temperar com cebola, cebolinha, salsa, coentro e tomate (tudo isso ralado).

Levar essa massa ao fogo e deixar cozinhar em fogo brando com algumas azeitonas e pouca água. Ir colocando em porções iguais: azeite de dendê, azeite doce (oliva), leite de coco, uma xícara de cada um para cada quilo ou litro de camarão. Levar ao forno a lenha para corar a crosta de ovos que vai se colocar sobre a massa de camarão e temperos. Enfeitar com rodelas de cebolas, azeitonas verdes, salsa, cebolinha e salsão. Colocar num alguidar, esfriar e arriar no local da oferenda.

* **Ejá de Kianda Aioka** – pegar um peixe de mais ou menos dois quilos (peixe de mar), limpar e abrir.

Passar o tempero (sal, coentro, pimenta-do-reino, alho etc.), untar com azeite de oliva. Fazer o recheio com camarão, cebola, alho socado, pimenta-de-cheiro, salsa, cebolinha, tomates, ovos e farinha lisa, todos temperados e untados em azeite, colocar dentro do peixe e costurar. Colocar o peixe em uma forma de barro ou folha de bananeira e levar ao forno de lenha para assar. Depois de pronto, montar em um alguidar com bastante cebola, salsa, cebolinha, coentro com folhas de polônias em volta – arriar no local apropriado.

* **Ejá de Kianda Aioka** – bastante coentro e cebola, ralar tudo com sal, até formar uma pasta, colocar limão espremido e bastante peixe e azeite de dendê.

– **Apetrechos e armas:**
   * Leque
   * Peixe
   * Meia lua com uma estrela na ponta
   * Espada de alumínio
   * Escudo de alumínio

– **Bebidas:**
   * Champanhe
   * Vinho branco
   * Vinho moscatel

– **Suas frutas:**
   * Uva-branca
   * Pera

Qualidades ou origem: os **bakuros lunda-kioko** não são partes da mitologia e sim energia pura, ligados aos ritos e magias, sendo parte primordial do reino animal, vegetal e mineral. Uma série de conjunções energéticas, ritualísticas e intuitivas juntas geram encantamentos que nos levam à resolução de nossos problemas e questionamentos:

Yakunã (habita o fundo do mar)
Mukunã (habita o fundo do mar)
Mikaiá
Kassingá
Yasubá (mais velha)
Ogunté
Filiaba (ligada à **Iapopo** – **Cita** – **Matamba** – **Oyá** – **Yansã**)
Fiabá (ligada à **Iapopo** – **Cita** – **Matamba** – **Oyá** – **Yansã**)
N'gamikaia

N'boto
N'basitanga
Abilundá
Bonigu
Zinzá
Inaê
Olokum
Kiandá
Marbô
Cessi
Dobê
Yamorô
Surué
Ainú
Oguntô
Kembo Kibela
Kuanza
Kaiana
AnAioká (rege o alto mar)
Yadony (mãe doativa)

– Suas ervas:
• Alcaparreira (galeata) – essa erva é muito utilizada nos candomblés do Rio Grande do Sul. Utilizam-se folhas e cascas na preparação de banhos de defesa, limpeza e também no **abô**. Suas raízes e cascas agem como diuréticos. Suas frutas são comestíveis, delas faz-se uma geleia eficaz contra picadas de cobras e insetos venenosos.
• Malvarisco – muito utilizada nos banhos de diversas divindades como: **Kissimbi – Kambalassinda – Dandalunda – Óxun, Kianda Aioká – Kaitumbá – Yemanjá, Iapopo – Cita – Matamba – Oyá – Yansã, Kerekere – Zumbarandá – Nanã, Angorô / Angoromeia – Oxumaré**, boa para gargarejos, bochechos, inflamações bucais e da garganta, combatendo aftas e mau hálito.

- Araticum de areia – nós que somos da etnia **bantu** utilizamos essa erva pura, para banhos de limpeza e descarrego. Sua polpa é indicada no combate a tumores e abcessos; já suas folhas cozidas combatem o reumatismo.

- Araçá-da-praia – planta arbórea pertencente à **Kianda Aioká – Kaitumbá – Yemanjá e Madé – Gongobira – Óxossi.** Empregada nas obrigações para saúde, fortalecimento de cabeça. Muito utilizada nos banhos de purificação dos filhos dessas divindades. Muito boa para curar hemorragias, sempre usada para problemas genitais: fazer o cozimento e banhar.

- Erva-de-santa-luzia – muito utilizada nas obrigações que tendem a esfriar a cabeça e também no **bori**, no cerimonial de lavagem das contas, para tirar **vumbi** os banhos dessa erva ajudam a desenvolver a mediunidade vidente; ela atua com grande eficácia no tratamento de alcoolismo. Suas folhas cozidas são utilizadas no combate de doenças oftalmológicas.

- Graviola – pode-se colocar nos banhos de **abô** e também nos banhos de limpeza em geral. A grande utilidade dessa fruta, além de um suco majestoso, é o combate à diabetes, fazendo-se um chá de folhas e frutos.

- Capeba ou pariparoba – muito usada nas obrigações de cabeça e no **abô**, principalmente em filhos recolhidos com **quizilas** de toda espécie. Tem um prestígio enorme nos **candomblés de ketu** e também nos cultos **lunda-kioko (omolokô)**, pois, além de proteger e limpar, ela é ótima para engrandecimento astral e espiritual, servindo também nas cerimônias de tirar **vumbi**. Seu chá é especialmente usado para debelar os males do fígado, as raízes servem para, quando cozidas, curar doenças uterinas. É diurética.

- Polônia (apolônia ou água-de-levante) – para nós da etnia **lunda-kioko – omolokô** é a erva sagrada dessa divindade, pois é com ela que fazemos o **bori** e **amacis**, além dos banhos de descarrego, limpeza e defesa.

- Aguapé – muito utilizada nos banhos de defesa e descarrego.
- Musgo-do-mar é uma erva, como diz o nome, marítima, vivendo submersa, podendo entrar nas obrigações gerais dos filhos dessa divindade.
- Maricotinha ou marianinha (trapoeraba-azul) – para obrigações que visam a acalmar e dar caminhos calmos a esses filhos. Utilizada também nos banhos de defesa e limpeza. Diurética, combate o reumatismo e também mostra eficiência no tratamento de picadas de bichos peçonhentos.
- Dandá-da-costa – muito utilizado em defumações, principalmente se se quiser limpar o ambiente de **kiumbas (eguns)**; do seu tubérculo socado faz-se um pó atrativo.
- Nega-mina – excelente para banhos de descarrego e atrativo para o sexo oposto, utilizada também em obrigações que se visam abrir caminhos comerciais.
- Cipestre – banhos energéticos
- Malvona – para banhos de descarrego e limpeza geral.
- Pata ou unha-de-vaca – banhos de descarrego, **abô** e limpeza em geral, principalmente daquelas provenientes de demanda. Seu nome popular é insulina vegetal, por isso muito aplicada quando se trata de debelar o diabetes. Também combate corrimentos vaginais e leucorreia.
- Alfazema-do-campo – excelente complemento de defumação, para mulheres o banho dessa erva é um poderoso atrativo, pois emana radiações sensuais.

– Dia da semana:
    * O dia consagrado a esse bakuro é o sábado.

– Saudações:
    * **Òdo yá** – Viva a senhora (yorubá).
    * **Èérú ìyá** – Mãe das espumas das águas (yorubá).
    * **Mametu múkua xi Kianda** – exaltemos a mãe, habitante da grande lagoa. Resposta: kuximana kaiaia (angola/lunda-kioko).

– Toques e ritmos:
* Agèrè
* Ílù
* Egò
* Hamuyia
* Satò

– Metais:
* O metal dessa divindade é a prata e seus derivados.

– Ingorossis:
* Mikaiá....siá gitissá kuá
Mikaiá....siá gitissá kuá
Mikaiá..... Siá getissá kuá

* Unguí amotekun azan akodi
Maleme.... Maleme mameto kaiutumbá
Maleme.... Maleme mametu Kianda Aioká

* Mametu n'boto...mametu n'boto
Unguiá nssukú azan caxí
Unketo muxima azan pafundí...

– Pawós:
Sete batidas de palmas imitando o movimento das ondas do mar da esquerda para direita, mas três rápidas ao centro e mais sete reverências seguindo-se adubale.

– Pedras (otás):
* Brilhantes
* Pedras-marinhas
* Água-marinha
* Opala

– Sincretismos:
É sincretizada por Nossa Senhora da Glória, Nossa Senhora dos Navegantes.

09) Iapopo – Cita – Matamba – Oyá – Yansã:

Deusa dos ventos e tempestades, também é a deusa do rio Níger, na África. É uma Orixá de temperamento forte e guerreiro. É a manifestação do movimento, é a Orixá dos elementos aéreos, dos ventos, vendavais e tufões. Seu metal é o cobre. Essa Orixá comanda os **eguns (kiumbas)**, em todo universo, por ter sido a única que venceu a morte. É autoritária e ríspida, não perdoa seus filhos. É de igual sorte muito afeita a brigas. É a Orixá do fogo, por ter comido parte do encanto dado por Lembareganga à Jambamguri, às escondidas, e por essa razão ficara com poderes idênticos aos do deus do trovão e reconhecida como Orixá do fogo. Arriam-se suas obrigações nos bambuzais nas margens das cachoeiras e também nas pedreiras fendidas.

Os filhos de **Iapopo – Cita – Matamba – Oyá – Yansã** são de temperamento caprichoso, são irrequietos, voluntariosos, guerreiros e vaidosos. As filhas desse **bakuro** são meigas, inoportunas: ao mesmo tempo perseguem obstinadamente seus desejos e costumam ser inconstantes no amor, mas quando se apaixonam não medem consequência dos seus atos.

– Suas cores:
* Vermelho
* Amarelo e verde
* Rosa
* Terracota
* Marrom
* Coral

– Suas guias:
São feitas de missangas vermelhas, amarelas e verdes, rosa, terracota, marrons e coral.

– Pontos riscados:

– Vestes ritualísticas:

São coloridas com predominância do vermelho, podendo, de acordo da qualidade do **bakuro**, ser verdes e amarelas, terracota, marrons, coral, rosa e vermelhas.

Na cabeça uma coroa bordada com o imbe (**fila**) com franja de pérolas e missangas vermelhas que lhe cai sobre a face, nas mãos uma adaga e um chicote (**eruexim**) feito de crina de cavalo com cabo de metal, muitas pulseiras e adornos de cobre.

– Comidas:
* Acarajó
* Inhame
* Beterraba
* Mel de abelha
* Milho cozido

* Cebolinha
* Azeite dendê
* Camarão

– Ajeum:
* **Acarajé:** colocar um quilo de feijão-fradinho de um dia para o outro a fim de que se possa retirar a pele que envolve o grão. Moer os grãos transformando o feijão em uma massa fina, o mesmo fazendo com a cebola e os camarões secos, adicionados de um pouco de azeite de dendê. Bater bem a massa, levando ao fogo em uma panela de barro ou de ferro com azeite de dendê, deixar ferver e depois tirar pequenas porções e colocando para fritar. Quando os bolinhos estiverem bem corados aí teremos o acarajé. Deixar esfriar e colocar em um alguidar coberto com folhas de bananeira e arriar no local adequado.

* **Epetê ou bobô:** inhame descascado e cozido, cortado em fatias, fervidos em seguida no azeite de dendê, com camarão ralado, cebola, pimenta malagueta (serve também para jambamguri).

– Animais de sacrifício:
* Cabra mocha vermelha
* Galinha vermelha
* Coquém

– Apetrechos e armas:
* Eruexim
* Adaga
* Escudo
* Pulseiras
* Leque

Obs.: todo esse material é feito no cobre ou bronze.

– Bebidas:
* Champanhe vermelho
* Água tônica

– Suas ervas:

• Erva-de-santa-bárbara – muito usada no combate a **kiumbas (éguns)**, usada para sacudimentos e banhos de descarrego e limpeza.

• Espada-de-santa-bárbara – para limpeza de ambientes, sacudimentos, trabalhos de demanda.

• Sensitiva – para sacudimentos, banhos energéticos e para proteger de **kiumbas (éguns)**; é uma planta emoliente, usada para bochechos e gargarejos, inflamações da boca combate à insônia. Usa-se como remédio cozinhando-se toda a planta.

• Bambu – o bambuzal é o principal local de arriada dessa divindade e também um poderoso defumador contra os **kiumbas (éguns)**; utiliza-se o banho contra perseguidores e contra inveja e mau olhado. O chá de suas folhas combate doenças nervosas, disenterias, diarreias e males estomacais.

• Romã – é a fruta mais apreciada por essa divindade. O banho de suas folhas serve para proteção, para limpeza astral, para espantar os **kiumbas (éguns)**; com a fruta também se fazem trabalhos de amarração e de atração e o chá ajuda a combater problemas respiratótios.

• Taquaril – utilizada no combate e limpeza contra **kiumbas (éguns)**, defumação e banhos propiciatórios.

• Para-raio – é uma erva muito usada nos trabalhos de limpeza por **kiumbas (éguns)**, pois essa erva capta a negatividade e consegue gerar positividade no ambiente.

• Pinhão-branco
• Pinhão-roxo
• Trombeta
• Bonina
• Maracujá-caiano
• Cinco-chagas

- Pata ou unha-de-vaca – banhos de descarrego, **abô** e limpeza em geral, principalmente daquelas provenientes de demanda; seu nome popular é insulina vegetal, por isso muito aplicada quando se trata de debelar o diabetes. Também combate corrimentos vaginais e leucorreia.
- Louro
- Douradinha do campo
- Dracena
- Açoita-cavalo
- Umbaúba-prateada
- Alface – pode ser empregada nas obrigações de **kiumbas (éguns)** e também em sacudimentos. Na medicina popular é indicada para casos de insônia, podendo-se usar em forma de chá. Folhas e pendão de flores é muito bom para nervos também.
- Malvarisco – empregado nos banhos de descarrego e também na purificação dos **otás (pedras)** de várias divindades, como já dissemos acima.
- Cambuí-amarelo – é utilizado somente para banhos de descarrego. Atua no combate às diarreias e disenterias.
- Catinga-de-mulata – é uma erva poderosa, atuando como um poderoso afrodisíaco, aflorando a sensualidade. Possui princípio ativo que combate o histerismo e também serve como calmante.
- Cordão-do-frade verdadeiro – essa planta é aplicada em banhos tonificantes da aura e limpeza em geral. Combate asma, ajuda no bom funcionamento dos rins e atua também como coadjuvante no tratamento de reumatismo. Isso em chá.
- Cravo-da-índia – pode ser usado em obrigações de cabeça. Pode-se usar nos banhos de purificação dos filhos dessa divindade. Além de um ótimo condimento é muito bom para combater cansaço das pernas.
- Espirradeira (flor-de-são-josé) – muito usada nas obrigasções dessa divindade e também nos trabalhos de limpeza astral. Combate sarna e piolhos (uso externo).

- Eucalipto-limão – utiliza-se em trabalhos que envolvem brigas e demandas. Usa-se muito em defumações. Pode-se usar em banhos de limpeza e descarrego, do ombro para baixo.
- Gengibre – o **aluá** (bebida dos **bakuros**) utiliza essa raiz. Pode ser usada no **amala de jambamguri – Kambaranguanje – Xangô.**

– Suas frutas:
* Ameixa-vermelha
* Cereja
* Maçã
* Melancia
* Uva-vermelha
* Nêspera
* Morango
Obs.: todas as frutas vermelhas.

– Dia da semana:
O dia consagrado a esse **bakuro** é sábado.

– Saudações:
* **Eèpàrìpàà! Odò ìyà!** (ketu)
Tradução: Ó mãe do rio!
* **Mametu mukala ita matamba** (angola/lunda-kioko)
Tradução: Viva a grande guerreira
Resposta: **kiùa Matamba**

– Toques e ritmos:
* Agere
* Ego

– Pawó:
    É acompanhado de gingados: são três batidas de palmas, três passos gingados para a direita, três batidas de palmas, três passos

gingados para a esquerda, três batidas e mais três rápidas, mais as sete de reverência seguidas do **adubalé.**

– Pedras (otás):
  * Meteorito (pedra-de-raio)
  * Cristal-de-cachoeira-amarronzada

– Qualidades ou origem:
- Yapopó
- Yatope
- Dubale
- Egunita
- Bambuci
- Cita
- Matamba
- Vanju
- Kaiango munhenho
- Jonjurê
- Bamburussema
- Abasutemi
- Nbana katamba
- Inda Matamba
- Inda kaiu
- Issa mitoni
- Gunga kabolo
- Issa sitamba
- Kuinganga
- Angorosimanguia
- Karamose

– Sincretismo:
  É sincretizada como Santa Bárbara

– Metais:
- Cobre
- Estanho
- Bronze

– **Ingorossis:**

Ebami, ebami tori balé
Tori ó
Tori balé

Zandò síàgó n'Zambi, yapopò
Siá olopi maiálá lakun
Yapopó tori balé....

Unguiá liégi azan alokô
Unguiá liégi azan alokô
Oluandê...oluandê
Matamba....bamburussema...yapópó

10) Kerekere – Zumbarandá – Nanã:

Divindade das chuvas, purificadora da atmosfera. É a manifestação da purificação astral, promovendo a limpeza e eliminando o negativismo, propiciando aos homens melhores condições de vida. É a mais velha das yabas d´água, seu fetiche é uma pedra de cristal na qual se encontram fragmentos de ametista. Seu metal é o cobre ou latão. As pessoas regidas por esse Orixá são maduros, conscienciosos, lentos, firmes, sérios, bondosos, simpáticos e extremamente limpos. São dotados de grande aptidão artística.

Também estão associadas fertilidade ou fecundidade à doença e à morte. Originalmente ela é conhecida como a mãe da terra e como quem tudo sabe e determina.

Seus filhos são carinhosos e gostam de saber da vida de quem os cerca; mesmo que eles queiram contar não são muito bem-humorados, são chegados a verdadeiros dramalhões; dizem que são vigativos mas o perdão é seu forte: são procurados para conselhos sérios.

– Suas cores:
- Lilás
- Rosa-choque
- Branco
- Azul-cobalto ou azulão

– Guias:

São confeccionadas com missangas lilases, rosa-choque, brancas, azuis cobalto ou azulão.

– Pontos riscados:

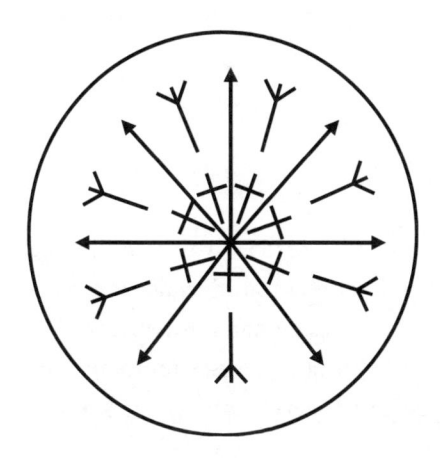

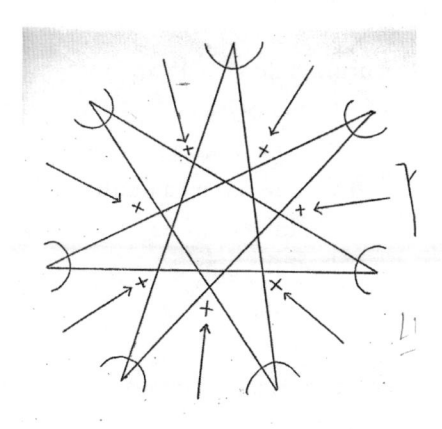

– Vestes ritualísticas:

Roupa branca ou lilás com aplicações lilases. A cabeça é envolta por um toucado de pano (ojá) e mais o filá, pendendo à frente a franja de missanga que lhe cobre parcialmente os olhos e o rosto. Na mão carrega um cetro de palha-da-costa, búzios, missangas e adornos que imitam uma bebê (iberin), pulseiras de prata e colares de búzios.

– Comidas:

* Sarapatel
* Taioba
* Melão
* Uva-branca
* Peixe de lagoa

– Ajeum:

Sarapatel: limpar bem os miúdos de porco, lavar com limão e deixar ferventar. Depois de cortar tudo em pedacinhos, faz-se o tempero, que é constituído de coentro e todos os demais temperos verdes, pimenta-do-reino, cuminho e louro. Juntam-se esses temperos aos miúdos já picados e deixa-se tomar gosto. Ferventar separado o sangue de porco, que é esfarelado depois, dentro do alguidar.

– Animais de sacrifício:

• Cabra branca mocha
• Ovelha branca mocha
• Coquém fêmea branca
• Galinha branca
• Galinha cinza
• Galinha cinza arrepiada

– Apetrechos e armas:

* Iberim

– Bebidas:

• Guaraná

• Champanhe branco

– Suas ervas:

• Folha-da-fortuna – usada nas obrigações de cabeça, boris, abôs, sacudimentos comerciais – excelente cicatrizante, cura contusões e escoriações.

• Melão-de-são-caetano (erva-das-lavadeiras) – utilizada como erva de segurança da casa quando em obrigação de santo, quando colocada nas portas de entrada, propicia proteção contra toda forma de quizila, atua como agente contra reumatismos, é antifebril e ajuda ainda a combater problemas de útero e ovários (banhos de assento).

• Azedinha – serve para decoração das obrigações e do terreiro – combate a disenteria.

• Mãe-boa – erva utilizada nos descarregos, atuando nos banhos de saúde, para fartura, sacudimentos e combate a reumatismos.

• Samambaia

• Língua-de-galinha

• Manacá – para nós principal erva desse bakuro, utilizada nos banhos, obrigações de cabeça: feitura, bori; suas flores atuam como catalizadoras nos trabalhos de união e atrativos.

• Erva-de-santa-luzia – muito utilizada nas obrigações que tendem a esfriar a cabeça, no **bori**, no cerimonial de lavagem das contas e para tirar **vumbi;** os banhos dessa erva ajudam a desenvolver a mediunidade vidente. Atua com grande eficácia no tratamento de alcoolismo. Suas folhas cozidas são utilizadas no combate de doenças oftalmológicas.

• Cipestre – banhos energéticos.

• Pinhão-roxo – no ritual, aplica-se nos banhos fortes: contra demanda, descarrego, pois quebra encantos negativos. Utiliza-se nos sacudimentos domiciliares.

- Nega-mina – excelente para banhos de descarrego e atrativo para o sexo oposto, utilizada também em obrigações que se visam a abrir caminhos comerciais.

- Losna – banhos contra bebidas e de saúde – possui princípio ativo que debela males do estômago e fígado.

- Carqueja – banhos contra bebidas e de saúde – possui princípio ativo que debela males do estômago e fígado.

- Agapanto – pertence aos bakuros: Ferimã, Zumbarandá e Kaviungo, sendo que o branco é de Ferimã, o lilás de Zumbandá e Kaviungo; ornamenta os pejis, o barracão e pode ser utilizado em sacudimentos.

- Boldo – banhos contra bebidas e para saúde, possui princípio ativo que debela males do estômago e fígado.

- Malvarisco – banhos de descarrego e de limpeza, pode também ser utilizado macerado na purificação dos otás; muito bom para assepsia da garganta e da boca.

- Manjerona – banhos energéticos.

- Hortelã – para banhos de saúde e limpeza e esfriamento de cabeça; é um chá muito saboroso e refrescante, que combate a tosse e vermes. Além de um tempero muito gostoso.

- Sensitiva – somente usada nos banhos de descarrego e de limpeza; segundo a medicina popular age contra afecções da boca e garganta, podendo se fazer gargarejos e bochechos.

- Morcegueira – folhas e flores podem ser utilizadas no abô, suas cascas são para banhos fortes de descarrego e defesa, destruindo fluidos negativos.

- Cipreste – aplicada nas obrigações de cabeça e banhos de purificação e também banhos de limpeza astral e descarregos; seu chá combate úlceras, e os banhos, feridas.

- Gervão – pode ser utilizado nas obrigações dessa divindade, além de banho de limpeza astral e desenvolvimento. Pode ser utilizado no combate às doenças hepáticas e seu chá combate problemas renais.

- Quaresmeira – utiliza-se nos abôs e banhos de purificação, combate problemas renais e de bexiga (chá).
- Assa-peixe – banhos de purificação e limpeza, muito usado para combater problemas do aparelho respiratório. Xarope feito com mel, guaco, canela e cravo.
- Kitoco ou Quitoco – utilizada em banhos de descarrego, limpeza e purificação; de grande utilidade no combate aos problemas estomacais, tumores e abscessos. Internamente é utilizado o chá, nos tumores aplicam-se as folhas socadas.
- Avenca – usado nos boris femininos – excelente no combate a catarros renitentes e tosses compridas.

– Suas frutas:
- Melão
- Uva-branca
- Pera
- Uva-roxa
- Ameixa
- Figo
- Melão-de-são-caetano

– Dia da semana:
Domingo

– Saudação:
   * **Sálú bá nàná burúkú**! (ketu)
   Tradução: Nos refugiaremos com naná da morte ruim!

   * **Mametu ixi kúzúla nzumba** (angola/lunda-kioko)
   Tradução: Mãe da terra molhada
   Resposta: **Nzumba é**

– Toques e ritmos:
- Agere
- Ilù

– Pawó:
Sete batidas de palmas, lentas, na frente, da esquerda para a direita; três rápidas e sete de reverência seguindo-se o adubalé.

– Pedras (otás):
* Cristais acinzentados
* Pedras de lagoa acinzentadas
* Seixos de rios de cor acinzentada

– Qualidades ou origem:
- **Iabay**: a mais velha
- **Ananoxá:** velha/intermediária de **Kerekere – Zumbarandá – Naná** com **Kianda Aioká – Kaitumbá – Yemanjá.**
- **Anamburê:** governa a chuva fina
- **Obereomi:** rainha das águas doces
- **Iabossi**
- **Sussurê**
- **Lufada**: governa a chuva forte com vento etc.
- **Obê Oberrê**: rainha do ominho (água)
- **Asamalunda**
- **N'barandá**
- **Kiambambê**
- **Jejessu**
- **Takulandá**
- **N'Panzu**
- **N'Balambo Gunzá**
- **Ajassi**
- **Kambalandá**
- **Bejerundá**
- **Karana**
- **Kangazumba**

– Sincretismo:
É sincretizada como Santa Ana

– Metais:
Seus adornos são prateados.

Obs.: essa divindade, por ser a mais antiga, a mais velha segundo as lendas, nasceu antes dos metais, seus artefatos são todos de barro ou conchas afiadas e madeira.

– Ingorossis:
Que pembê sambangolê...
Que pembê sambangolê...
Kakarukaia...mametu kakarukaia

N'barandá...siá katuti sabú zumba
Kuá azan unketa andarála
Kuá azan unketa andarála
N'barandá... Siá katuti sabúzumbá.

Nirumbaó....Zumbarandá
Nirumbaó....Zumbarandá
Abaé azan kuá?
Abaé azan kuá ?

11) Jambanguri – Kambaranguanje – Xangô:

– É a manifestação da justiça, poder e força. É o **bakuro** da justiça, deus do raio e trovão. Apesar de atrevido e prepotente, como já dissemos acima, ele é o símbolo máximo da justiça. É uma espécie de faz tudo. Perseguindo e punindo quem erra com rigor. É a síntese do poder absoluto, pelo qual tem verdadeira fixação. Do panteão afro-brasileiro, essa divindade é a que tem mais histórias e lendas; são histórias superinteressantes: recheadas de contendas vigorosas e de grandes vitórias. Essa divindade tem tudo a ver com Zeus (grego), Júpiter (romano) e Thor (nórdico), nos seus momentos de fúria ensandecida, pois cospe fogo literalmente. Seus filhos são dados a paixões sem freio, quase nunca têm compromisso com a fidelidade. Vivem muito o momento, são ótimos oradores e magistrados. São aparentemente bons ouvintes, desde que seja sua a palavra final. São aventureiros, indóceis e até libertinos, tanto quanto essa divindade. Os filhos são voluntariosos, até certo ponto agressivos, denotando qualidades de chefia, sempre ansiando por posições de chefia. Todos são muito sensuais. E sempre se dão bem nos negócios, principalmente se escolherem profissões ligadas à advocacia e economia (ciências humanas em geral).

– Suas cores:
- Vermelho e branco
- Marrom
- Marrom e branco
- Terracota
- Em alguns casos branco (90%) com vermelho (10%).

– Guias:
    * São de missangas vermelhas, brancas e marrons. Marrons e brancas, terracota, brancas (90%) e brancas (10%).
    * Também podem ser usadas guias de búzios (marrons)
    * Corais (nas cores acima).

– Pontos riscados:

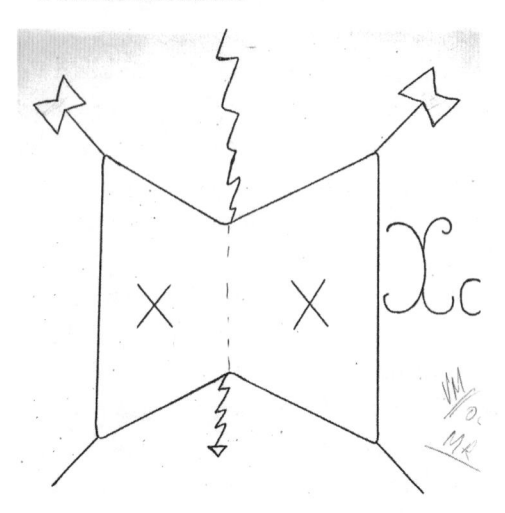

– Vestes ritualísticas:
* São como as de um rei, predominando a cor vermelha, ornadas com búzios, cobre, ouro, estanho e bronze. Traz na cabeça uma coroa toda enfeitada, que demonstra sua realeza, nas mãos um cetro e uma machadinha de dois lados (**oxés**) (toda trabalhada em búzios, pedraria e metais) ou dois **oxés**. Várias pulseiras e anéis que demostram sua riqueza.

– Comidas:
- Rabada
- Peixe
- Quiabo
- Camarão seco
- Azeite de dendê
- Azeite branco (oliva)
- Inhame branco
- Pirão de mandioca
- Cebolinhas
- Coentro
- Salsinha
- Banana-são-tomé
- Banana-da-terra
- Feijão-fradinho
- Mel de abelha

– Ajeum:
* **Amalá de Jambanguri – Kambaranguanje – Xangô:** pegar em torno de um quilo de quiabo e picar bem fininho, cozinhar uma rabada de tamanho médio, bem temperada com sal, pimenta de cheiro, cebola, alho, pimenta-do-reino, no azeite de dendê. Quando a rabada estiver bem cozida, acrescentar o quiabo. Em um alguidar adornar com salsa, cebolinha, cebola em rodelas. Servir no local apropriado, depois de esfriar.

* **Ekúrú:** deixar de molho um quilo de feijão-fradinho (tirando, depois a casca). Feito isso, moer bem até ficar uma massa. Acrescentar camarão seco, cebolas raladas, pimentas, alho, coentro, salsa, cebolinas. Pegar folhas de bananeira e fazer bolinhos, que depois de amarrados serão colocados em uma panela de barro; dentro de outra cozer em banho-maria e servir após esfriar.

* **Efún Oguedê:** pegar bananas-são-tomé (meio verdes), cortar em fatias e expor ao sol para secarem. Depois de secas, socar no pilão, adicionar mel com água fervendo à farinha, fazendo um pirão. Depois é só servir em um alguidar.

* **Ajabò:** 21 quiabos bonitos
um litro de água de mina
seis xícaras de açúcar e seis colheres de sopa de mel
seis folhas de jaborandi
seis moedas correntes

Pegar os quiabos e cortar em rodelas bem finas, colocar em um alguidar, com açúcar, mel e misturar bem com a água. Depois de formar uma pasta colocar as moedas no fundo e as folhas em volta e arriar.

– **Animais de sacrifícios:**
• Boi (mocho)
• Bode (mocho)
• Cágado
• Galo
Obs.: todos avermelhados e fortes.
Em alguns casos, dependendo da qualidade, os animais são brancos (não podem ser de granja).

– **Apetrechos e armas:**
• Machadinha de dois gumes (**oxé**)

- Um cetro (envolvido com um raio)
- Uma coroa
- Um bastão com uma pedra-de-raio (meteorito incrustado).
- Colares de búzios
- Pulseiras e adornos

– Suas bebidas:
- Cerveja preta
- Vinho doce
- Licor

– Suas frutas:
- Maçã
- Morango
- Melancia
- Banana-são-tomé
- Banana-da-terra

Obs.: todas as frutas vermelhas pertencem também a esse **bakuro.**

– Suas ervas:
- Jaborandi – no culto omolokô é considerada a principal, senão uma das principais, muito usada para limpeza, defesa, desenvolvimento e segurança. Seu uso popular é muito difundido, pois é um excelente tônico capilar; faz parte dos abôs.
- Cambará-vermelho – a erva propriciatória é muito usada nas questões da justiça e demandas.
- Louro – além de um excelente expectorante e tempero, é muito usado quando se tem necessidade de abertura de caminhos comerciais, tanto em banhos como em defumações.
- Imbaúba – erva propiciatória a abertura de caminhos, banhos de defesa e de saúde. Essa planta ajuda, na forma de chá, no combate a diabetes.

- Tamarineiro – a fruta é muito usada como refresco e doce, além de servir como oferenda a esse bakuro; seu xarope é um excelente expectorante.
- Aroeira-branca – erva usada no combate às demandas e pendências judiciais, usada também em sacudimentos.
- Aroeira-roxa – tem a mesma utilidade da aroeira branca.
- Fedegoso – excelente cicatrizante e vermífugo (chá), usado nos banhos de saúde, defesa e abertura de caminhos.
- Oriri – essa erva tem um grande poder, pois é uma das preferidas no que diz respeito à limpeza astral, segurança, saúde e principalmente nos trabalhos de sacudimentos, defumações e limpezas comerciais.
- Cambuatá – erva muito utilizada para saúde (sacudimentos, banhos, defumações etc), nas limpezas comerciais e também auxilia nas questões judiciais.
- Sabugueiro – excelente vermífugo, ajuda a combater doenças de pele (emulsão preparada com o sumo da erva) – muito utilizada no combate ao olho-gordo, inveja, segurança e limpeza astral.
- Pixuri – componente forte das defumações de defesa e limpeza, seu pó é utilizado em pembas de segurança.
- Quiabeiro – seu produto é muito utilizado nas comidas dessa divindade, além do preparo de vários pratos de nossa culinária, dos ajabôs e amalás.
- Bilreiro
- Erva-de-são-joão – tem forte poder energético, utilizada como defesa e limpeza.
- Urucum – erva de uso culinário, grande expectorante, muito utilizado com azeite em xaropes e no combate das doenças pulmonares.
- Castanha-do-pará – fava muito saborosa, dela se extrai óleo e é usada em vários pratos de nossa culinária; também muito utilizada nos ebós de limpeza e saúde.
- Suspiro-roxo

- Nega-mina – excelente para banhos de descarrego e atrativo para o sexo oposto, utilizada também em obrigações que se visam a abrir caminhos comerciais.
- Louro
- Erva-passarinho
- Capeba ou pariparoba – muito usada nas obrigações de cabeça e no **abô**, principalmente em filhos recolhidos com **quizilas** de toda espécie; tem prestígio enorme nos **candomblés de ketu** e também nos cultos **lunda-kioko (omolokô)**, pois, além de proteger e limpar, ela é ótima para engrandecimento astral e espiritual, serve também nas cerimônias de tirar **zumbi**. Seu chá é especialmente usado para debelar os males do fígado, as raízes servem para, quando cozidas, curar doenças uterinas. É diurética.
- Eritrina (mulungu) – é muito utilizada nas obrigações de cabeça, para segurança e combate ao olho-gordo que afligem os filhos dessa divindade. Combate bronquite e tosse.
- Alfavaca-roxa – de grande uso em sacudimentos, limpezas e obrigações de cabeça, excelente diurético e tônico emagecedor (chá).
- Cavalinha (milho-de-cobra) – pode ser utilizada nos abôs e nos assentamentos.
- Erva-das-lavadeiras (melão-de-são-caetano) – utilizada como erva de segurança da casa, quando em obrigação de santo e colocada nas portas de entrada, propicia proteção contra toda forma de quizila, atua como agente contra reumatismos, é antifebril e ajuda ainda a combater problemas de útero e ovário (banhos de assento).
- Angélico (mil-homens) – tem grande aplicação nas questões amorosas (amarração, aproximação etc.); quando aplicado em banhos misturados com manacá (flor e folhas) sua utilidade é de agente de aproximação do sexo masculino; utilizado no combate da dispepsia, é vedado o uso para as gestantes.
- Azedinha (trevo-azedo/três-corações) – é muito utilizada em limpezas amorosas e no combate da disenteria, gases e é febrífugo.
- Caferana (alumã) – utilizada nas obrigações de cabeça, abôs, nas defumações na medicina popular é usada nos problemas esto-

macais e do intestino, combate febres palustres ou intermitentes, além de excelente vermífugo e tônico energético.

• Alevante (levante) – usada nas obrigações de cabeça, nos abôs e banhos de filhos de santo, no combate a tosses e doenças pulmonares.

• Erva-de-são-joão – utilizada nas obrigações de cabeça e nos banhos de descarrego, defesa e abertura de caminhos; como chá e banhos, combate disenterias e reumatismo.

• Musgo-da-pedreira – é aplicado nos banhos de abô, descarrego, limpeza astral. Também nas defumações pessoais e comerciais. Seu pó misturado com sândalo é utilizado como defesa contra olhogordo e inimigos.

• Nega-mina – de larga utilização no culto, como banho de desenvolvimento, abertura de caminhos, defesa e também nos abôs e boris, de grande eficácia no combate aos males do fígado, problemas hepáticos e nevralgias.

• Noz-moscada – muito utilizada nos pós de defesa e também em determinadas defumações. A noz-moscada atua nas questões financeiras. Sempre atrai fluidos benéficos. Muito utilizada no combate aos gazes e dores estomacais, provocadas pela má digestão.

• Panaceia (azougue-de-pobre) – banhos de descarrego, limpeza, desenvolvimento, limpeza ambiental e segurança (sacudimento). A medicina popular a utiliza no combate da sífilis (chá). Utilizada também nos problemas de pele e reumatismos (banhos).

• Pau-de-colher-leiteira – usada nos abôs de limpeza e purificação.

• Pau-pereira – banhos de descarrego e limpeza – sacudimentos que visam a abertura de caminhos contra demandas. Combate a falta de apetite, sendo um ótimo fortificante e antifebril; combate os males do estômago, além de ser afrodisíaco.

• Pessegueiro – seus frutos são uma ótima oferenda para essa divindade; pode ser utilizado nas obrigações de cabeça, pois suas flores e folhas propiciam um excelente resultado na mediunidade, destruindo fluidos negativos e também kiumbas (éguns); combate conjuntivite.

• Pixirica (tapixirica) – sacudimentos e defumações, combate enfermidades do trato urinário.

• Romã – suas flores são excelente atrativo (banhos), seu fruto serve como oferenda, além de ser vermífugo (cascas dos frutos) – combate inflamações da garganta.

• Sensitiva (dormideira) – banhos de descarrego, limpeza, segurança, muito utilizada nas afecções orais (gargarejo).

• Taioba – muito utilizada na culinária afro-brasileira, é de agrado de todas as divindades, além de cicatrizante.

• Tiririca (dandá-da-costa) – seu pó é muito utilizado em pembas ritualísticas, age como espanta égun ou kiumbas, ajuda nos problemas de moradia.

• Erva-grossa (fumo-bravo) – empregada nas obrigações de cabeça (lavagens, boris), suas raízes atuam, quando fervidas, como antifebril. Também utiliza-se no combate a tumores (cataplasmas) e é excelente contra catarros nos brônquios e pulmões.

• Mimo-de-vênus (amor-agarradinho) – para magia amorosa (união) e banhos de atração.

• Morangueiro – seu fruto é de grande aceitação para essa divindade. É diurético e combate os males dos rins e disenterias; grande fonte de vitamina c.

• Mulungu – empregado nas obrigações de cabeça e em banhos de descarrego, limpeza e nos abôs. Erva calmante, proporcionando um sono tranquilo, atua no combate das hepatites e problemas do fígado e auxilia no tratamento de cirrose (chá).

• Umbaúba-prateada – utilizada nos abôs, banhos de descarrego, limpeza, sacudimentos domiciliares, excelente diurético; recomenda-se uso moderado e quem tiver problemas do coração está proibido de tomar esse chá.

– Dia da semana:
* Seu dia é quarta-feira.

– **Saudação:**
   * **Ká wòóo, ká biyè sí !** (ketu)
   Tradução: Podemos olhar vossa real majestade?

   * **A ku menekene usoba n'zazi** (angola / lunda-kioko)
   Tradução: Salve o rei dos raios.
   Resposta: **N'zaziê, a**

– **Toques e ritmos:**
   • Batá
   • Agere
   • Ilù
   • Ègó

– **Pawó:**
   * Três batidas de palmas horizontais, da esquerda para a direita, repetidas duas vezes, seguidas de uma batida acima e outra abaixo, mais três batidas de palmas rápidas, mais sete batidas de palmas de reverência com o **adobà.**

– **Pedras (otás):**
   • Pedra-de-raio (meteorito)
   • Otá de pedra negra, recolhida nos rios encachoeirados.

– **Qualidades ou origem:**
   • **Aganjú** – chefe que tudo vê, de cima da pedra
   • **Agodô**
   • **Alafim** – fartura, jovialidade
   • **Kaò** – justiça
   • **Abomi**
   • **Amori**
   • **Afonjá** – que domina e resiste ao fogo
   • **Àyráa**
   • **D'jkutá**
   • **Luango**

- **Luvango**
- **Zambará**
- **Zambeze**
- **Zaze Minanguanje**
- **Zaze Mambembo**
- **Zaze Kuambo**
- **Katubelaguanje**
- **N'Bataranguanje**
- **Utalanguanje**
- **Zaze Kiango**
- **Kibalutango**
- **Dondojo**
- **Kitalango**

– Sincretismo:
 * Existem várias formas dessa divindade que o negro também sincretizou de acordo com as semelhanças com os santos católicos, sendo que a sincretização genérica é com São Jerônimo.

- **Alafim:** São Jerônimo / São João
- **Agodô:** São José / São Cristóvão
- **Aganjú:** São Pedro / São Paulo / São Judas Tadeu.

– Metais:
 - Ouro
 - Cobre
 - Bronze
 - Estanho

– Ingorossis:
 * Tata kabinda....cadê luango
 Tata kabinda....cadê luango
 Belê a zazê
 Belê a zazê
 Cumbele zaze... Cumbele zaze...
 Tata kabinda...tata kabinda

114

Makanguê....bele azazê
Makanguê...bele azazê
Kuá okitalandê
Lezó kuá bele azazê
Lezó kuá bele azazê

Lezó kajamugonsú
Lezó kajamugonsú
Katulê kambaranguaje
Siá gitissá kuá
Siá gitissá kuá

12) Ferimã – Gangarubanda – Lembaranganga – Oxalá:

– É considerada a divindade maior dos **candomblés** brasileiros e da **umbanda** e, é claro, por nós de **lunda-kioko (omolokô)**, ou seja, é respeitado por todas e qualquer etnia afro-descendente, que giram sob sua égide e infinita misericórdia e poder; **Ferimá – Gangarubanda – Lembaranganga – Oxalá** é a manifestação cósmica do céu, da Terra, da luz, da paz e do amor.

Essa divindade surgiu da união do céu com a fecundidade exuberante da terra. É tida coma o criadora da humanidade, mas esse cargo cabe exclusivamente à **Zambi n'Apongô**. Dependendo da região, pode ser chamada de **Ferimã – Gangarubanda – Lembaranganga – Oxalá – Lembá – Obatalá**. Essa divindade aparenta ser imponente, silenciosa e fria, mas é capaz de decisões enérgicas. É equilibrada e tolerante, se apresenta ora tempestivamente, ora serenamente. Essa personalidade marcante faz parte do arquétipo de seus filhos, que sempre se mostram responsáveis, equilibrados e respeitosos. São amáveis, espiritualistas e capazes de resolver grandes problemas com sabedoria e imparcialidade. Outras características básicas de seus filhos são calados, temperamentais e têm uma agilidade incrível. São altivos, aglutinadores e centralizadores.

– Suas cores:
    * Branco total
    * Prata

– Suas guias:
    * Podem ser confeccionadas com búzios, mas basicamente: são missangas brancas.

– Pontos riscados:

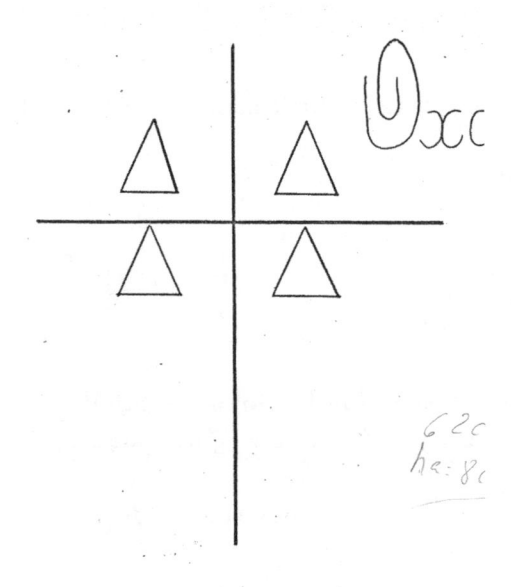

– Vestes ritualísticas:
    * Sua indumentária é portentosa e representa bem seu grau hierárquico dentro do **santé**. É composta de uma coroa com pérolas e pedras brilhantes, prata, adornos em forma de peixes, lua, sol, pombos etc. e pulseiras prateadas. Sua roupa é do mais puro branco. Quando

em sua manifestação velha, além dessa roupa, ele carrega seu cajado de prata **opàxóòró!**

* Na sua manifestação jovem é um guerreiro imponente com sua adaga, capacete, escudo e uma mão de pilão amarrada à cintura. Roupa toda branca, com prata.

– Comidas:
- Arroz de uçá
- Mel de abelha
- Bolo de acaçá
- Canjica branca
- Clara de ovo cozida
- Cuscuz de arroz
- Tapioca
- Inhame

Obs.: essa divindade não aceita alimentos coloridos e nem com sal.

– Animais de sacrifício:
- Igbìn (caracol)
- Boi pequeno branco
- Bode branco (mocho)
- Carneiro branco (mocho)
- Galo branco
- Pombo branco – para nós (**lunda-kioko – omolokô**), o pombo nunca é sacrificado e sim, após uma cerimônia, que é fechada, é solto.
- Algumas etnias oferecem galinha branca para essa divindade.

– Apetrechos e armas:
* **Opàxóòró:** cajado de prata, com berloques em forma de peixes, pombos, lua, sol etc., pendurados
* Coroa
* Braceletes
* Pilão
* Capacete

* Adaga
* Escudo
* Peiteira

– Ajeum:
• **Cuscuz de inhame:** ralar o inhame, que foi fermentado em água. Misturar com bagaço de coco e açúcar a gosto. Leva-se ao cuscuzeiro. Cozinhar até começar a sentir o cheiro. Servir em talhadas regadas com leite de coco grosso.

• **Acaçá de fubá de arroz:** colocar o fubá de arroz, água e um pouco de ori e deixar cozinhar, mexendo bem para não encaroçar. Ao chegar no ponto mais ou menos endurecido, tirar do fogo em porções tiradas com colher de pau; colocar em pedaços de folhas de bananeira murchas no fogo, amarradas em tiras de talo da folha da mesma bananeira. Feito isso colocar em uma tigela branca e regar com mel de abelha. Logo em seguida, tampar com algodão e levar ao assentamento ou ao lugar apropriado.

• **Cuscuz de tapioca:** pega-se o bagaço de coco bem úmido, mistura-se à tapioca temperada com açúcar ou mel e colocar no cuscuzeiro para cozinhar. A umidade do bagaço liga a tapioca e serve-se em talhadas. Regar as porções com leite de coco. Tudo é servido em uma tigela branca.

– Suas bebidas:
• Champagne
• Gim

– Suas ervas:
• Gameleira-branca – para nós do omolokô é a principal erva dessa divindade, sendo utilizada em todas as obrigações e banhos.
• Alecrim-de-caboclo – descarrego e limpeza, também utilizado nos sacudimentos e defumações.

- Angélica – sua flor espanta influências negativas e age como neutralizador de ondas negativas. Muito aplicada como fonte de união e atração.

- Funcho – muito utilizado nas obrigações de cabeça e nos sacudimentos; auxilia para tirar mão de vumbi, seu chá é excitante e aumenta o leite materno. Auxilia na digestão e no combate aos gases estomacais.

- Malva-do-campo – restrita a banhos de descarrego e limpeza de ambientes; usada popularmente no combate a gengivites e também em problemas de garganta (bochecho).

- Tapete-de-Oxalá – conhecido como boldo – usa-se para limpar os filhos dessa divindade que tiveram contato com mortos e acidentados. Atua nas funções estomacais e hepáticas.

- Bete-cheiroso –

- Algodão – considerada a flor desse bakuro, usada para enfeitar seus assentamentos e também para banhos de descarrego e desobscessão.

- Mamoeiro – tem fruta muito gostosa, usada nos descarregos e arriadas para saúde.

- Dendezeiro

- Inhame – uma das comidas prediletas desse bacuro, muito usado no culto afro-brasileiro, além de um tubérculo que tem um poder fortificante muito bom.

- Folha-da-costa – usada nos aliaxés e banhos de descarrego e limpeza.

- Boldo-do-chile – muito usado em banhos de descarrego e limpeza, tem função hepato-estomacal.

- Araçá – as folhas são aplicadas em várias obrigações de cabeça e no abô – muito usado nos banhos de purificação e descarrego, combate dessarranjos intestinais e cólicas estomacais.

- Barba-de-velho – usada nos abôs e banhos de purificação, ótima para hemorroidas.

- Baunilha – nas obrigações de vumbi (filhos dessa divindade)– auxilia o fluxo menstrual, é afrodísiaco e ajuda a combater a esterilidade (folhas e caule).

- Camélia – usada nos trabalhos de união, amarração e magia do amor, pois sua flor é captadora de bons fluidos.

- Saião – muito usada dentro de nossa religião – atua nos banhos, amacis, abôs e também nos sacrifícios ritualísticos. Usada como coadjuvante no combate de contusões como emplastro; de seu pendão floral ou de sua flor, prepara-se um xarope antitussígeno.

- Erva-cidreira – usa-se muito em banhos de saúde e descarrego (fervida), pois acalma os espíritos malfazejos, nos ajudando a doutriná-los. Também é um excelente calmante e também combate a hipertensão arterial (chá).

- Camomila-marcela – muito usada em defumações e banhos de descarrego e purificação.

- Carnaúba – essa planta serve para quem toma obrigações, e passa cobrir a cabeça, independente da divindade que rege a cabeça, pois transmite fortalecimento e desdobramento da aura. De sua cera fabricam-se velas para os bacuros.

- Cinco-folhas – usada ritualisticamente como uma erva descarregadora, é muito forte nos sacudimentos de residências e comércios e muito boa como depurativo do sangue.

- Colônia ou polônia – indispensável nos abôs e sacudimentos, combate os males do estômago, chá de folhas ou pendão.

- Cravo-da-índia – bom para uso em defumações e pós de união e abertura de caminho, excelente condimento e também, junto com urucum, um excelente antitussígeno.

- Erva-de-bicho – usada nos banhos de saúde e de purificação; no combate a bebidas é uma erva que positiva tudo, pois destrói todos os fluídos negativos e combate problemas renais (chá).

- Manacá-branco – muito utilizado em banhos purificadores e também banhos atrativos; usam-se suas flores em defumações atrativas.

- Espirradeira – erva que compõe os abôs e banhos de descarrego e limpeza, seu sumo combate a sarna e piolhos.

- Manjerona – usada em obrigações do ori e banhos de limpeza e decarrego.

- Hortelá – também conhecida como hortelá-de-tempero e muito usada na culinária sagrada e profana, e em banhos de descarrego; cura tosses rebeldes, bronquites, asma e é excitante fortalecedor estomacal.

- Estoraque – de sua resina faz-se um pó que é utilizado em defumações que têm o poder de arrancar todos os males; seu pó pode ser usado em feridas ou ulcerações rebeldes.

- Eucalipto-cidra – defumações, abôs e banhos de descarrego do ombro para baixo; como xarope combate os problemas do pulmão.

- Pixuri – utilizado nas defumações e seu pó pode ser espalhado na casa propiciando um ambiente de paz e harmonia.

- Folha-da-fortuna – muito usada nas obrigações de cabeça, lavagem, bori etc., banhos de descarrego ou de limpeza; também pode ser utilizada nos banhos de abô e age como um ótimo cicatrizante, atuando também em contusões e escoriações.

- Girassol – usa-se muito em banhos de saúde e para abertura de caminhos. Na defumação debela éguns ou kiumbas – seu óleo não contém colesterol.

- Guaco – essa erva é muito usada para sacudimento em pessoas que têm problemas respiratórios, podendo compor os banhos de abô; seu xarope debela tosses e problemas pulmonares e tem ainda o princípio antiofídico, usando-se suas folhas maceradas no local.

- Lírio-do-brejo – suas folhas são muito usadas nas obrigações de cabeça, banho de descarrego e abertura de caminhos, é expectorante e auxilia o trato estomacal.

- Malva-cheirosa – usada nos trabalhos de magia do amor e também em banhos de descarrego e limpeza, atua na desinfecção das mucosas da garganta e também nos tumores da gengiva.

- Manjericão-miúdo – usado em defumações, banhos abô, limpeza e descarrego e podem ser feitos banhos de purificação nos filhos a serem recolhidos; é excelente condimento e também debelador de gases.

- Noz-de-cola – imprescindível dentro de nosso ritual – usa-se em banhos. Como comida dentro de nossos rituais é um excelente fortificante para o coração, pressão alta e problemas de ereção.

- Noz-moscada – utiliza-se o pó em mistura com a canela em pó, mais sândalo, bejoim e incenso; depois de tudo feito sopra-se no ambiente que se quer descarregar; como defumador traz fluidos energizantes para questões financeiras e combate gases.

- Patchouli – muito importante em quase todas as obrigações do terreiro, banhos de feitura, abertura de caminhos, abôs, limpeza e descarrego. Usa-se na defumação atrativa. É considerada uma planta inseticida.

- Poejo – muito importante nas limpezas de aura, descarrego e saúde. Atenuante dos males pulmonares, também em complicações estomacais.

- Rosa-branca – muito usada nas feituras, usa-se inicialmente na lavagem da cabeça; é um laxativo, aplicável nos sintomas da leucorreia (corrimento).

- Sálvia – suas flores e frutos são utilizados nas obrigações em geral, principalmente nas feituras de boris; pode ser empregada nos abôs, descarrego e limpeza. Combate aftas e feridas da boca e tem função de abrir o apetite.

- Sangue-de-cristo – usado nos boris, limpeza, sacudimentos, vumbi, e contra veneno (chá).

- Umbu – erva extremamente positiva – atuando como agente de limpeza nos sacudimentos e banhos de descarrego, limpa a aura e é muito usada como colírio (lavagem dos olhos e córnea).

– Suas frutas:
- Uva-branca
- Melão
- Pera
- Banana-prata
- Fruto-do-obi

– Dia da semana:

* Seu dia é sexta-feira – e recomenda-se a todos os adeptos das religiões afro que nesse dia se mantenham de branco e se abstenham de carne, sexo e bebida.

– Saudações:

• **Eèpàà bàbá òrìsànlá, òrìsà òkè nínu won gbogbo òrìsà! Eèpàà bàbá!** (ketu)

Tradução: Respeito ao pai, o grande Orixá, o Orixá mais alto dentre todos os Orixás! Respeito ao pai!

• **Eèpàà bàbá!** (ketu)

Tradução: Respeitos ao pai!

• **Kubeta maku, kukala uíza lembá dilê!** (angola / lunda-kioko)

Tradução: Batam palmas, está vindo o senhor da paz!

Resposta: **Pembele lembá!**

Tradução: Eu te saúdo.

– Toques e ritmos:

• **Batà**
• **Ageré**
• **Ìjèsà**
• **Ìgbìn**

– Pawó:

* Quatro batidas de palmas lentas em cruz: acima, abaixo, à esquerda e à direita, finalizando com três rápidas e mais sete de reverência, que são sempre batidas à frente, na altura da cintura, para saudação, que é feita após o **pawó** dado a qualquer santo. Sempre depois do **pawó** e da saudação, procede-se, em sinal de humildade, ao **adobá**.

– **Pedras (otás):**
 • Pedras brancas (colhidas no fundo de um rio)
 • Cristais puros e brilhantes.

– **Qualidades ou origem:**
 • **Felimã**
 • **Lembá**
 • **Kassulembá**
 • **Lembádilengo**
 • **Malembá**
 • **Migangan**
 • **Lembakutango**
 • **Mikussá**
 • **Ajalupongo**
 • **Alamim**
 • **Dondo ketala**
 • **Kibositala**
 • **Kassuté**
 • **Gangarubanda**

– **Sincretismo:**
 O negro, de acordo com as características da divindade, o ligou a Jesus Cristo e ao Senhor do Bonfim.

– **Metais:**
 • Prata
 • Alumínio
 • Platina

– **Ingorossis:**
 * Kassuté lembá...É que missambe angola
 Kassuté lembá... É que missambe angola
 Oia samba baculê
 Oia samba baculê
 Kassuté lembá...kassuté lembareganga

* Banda o kandê kassuté lembá
Banda o kandê kassuté lembá
É de kakurucaio
É de kakurucaio
Lembá lemba di lê
Lembá lembá di lê

* N'kise kassulembá azan noió naba ricungo
N'kise kassulembá azan noió nabá ricungo
Quió mabú nafurimã otombo
Quió mabú nafurimã otombo

13) SanguinOssãe – Catendê – Minipanzo – Ossãe:

É filho de **Ferimá – Gangarubanda – Lembaranganga – Oxalá** e de **Kianda Aioká – Kaitumbá – Yemanjá,** mas às vezes é considerado como sem pai e sem mãe, pois brotou da terra assim como as plantas que conhece tão bem. Tal como **Madé – Gongobira – Óxossi,** ele está associado à floresta e à vegetação, por isso é considerado deus das folhas e ervas medicinais. Conhece seus usos e as palavras mágicas que despertam seus poderes. Essa divindade não cuida da alimentação, e sim da saúde e do que estiver associado ao uso das plantas, pois as folhas são portadoras do **axé** (poder do princípio vital).

É a manifestação da conservação e da preservação. É o **bakuro** das folhagens, sendo muito cultuado na religião afro, pois é com o uso das folhas que se preparam todos nossos fundamentos. Domina as folhagens da flora e é quem nos permite chegar ao poder curativo das plantas que conhecemos por indicação dele, à eficácia medicamentosa e à aplicação dessas plantas, não somente nas enfermidades, mas também para dar-nos o suco, o sumo de que precisamos no corpo, que são aplicados no aliaxé dos boris aplicados na iniciação dos aborés e yawôs; esse poder é tão importante para os humanos como para os bakurus (que se alimentam delas). O poder das folhas e plantas funciona em dois sentidos: podem curar ou matar, podem acalmar ou alucinar. Seus filhos, que são raros, têm um temperamento instável e emotivo que faz a base do seu arquétipo; são também introvertidos, misteriosos e discretos.

– Sua cor:
Verde-folha ou verde-escuro

– Guias:
São feitas de missangas verde-escuro ou verde-folha e também podem ser confeccionadas com sementes de plantas.

– Pontos riscados:

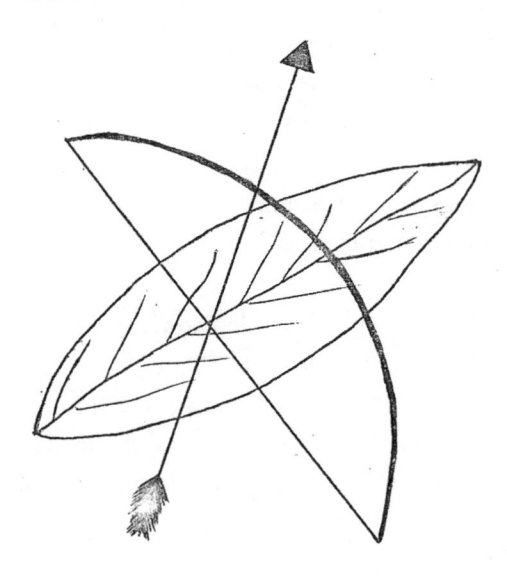

– Vestes ritualísticas:
Esse bakuro carrega na cintura uma cabaça que contém suas insabas, seus atins e mistérios. Traz na mão um cachimbo feito de coco. Seu fila imita folhagens e suas pulseiras parecem-se com cobras.

– Comidas:
  * Axoxo
  * Lagarto
  * Coco
  * Milho

– Ajeum:
  * **Axoxo:** deixar de molho um quilo de milho cru. Depois de inchado colocar em um alguidar misturado com fumo de rolo picado e coco em fatias. Decorar com sete folhas diferentes e regar com bastante mel.

  * **Lagarto:** pegar uma peça inteira de lagarto e fritar no dendê, temperar com salsa, cebolinha, cebola, alho, pimenta-do-reino, coentro e pimenta malagueta; depois de bem frito enrolar em folha de bananeira e colocar para assar na brasa. Depois de assado, colocar em um alguidar com milho cru e também tiras de coco ralado. Decorar com rodelas de cebola, salsa, cebolinha, coentro e regar com azeite de dendê e colocar no lugar apropriado.

  * **Milho:** pegar sete espigas de milho, cozinhar com casca e tudo, abrir as espigas sem tirar as palhas e colocar em um alguidar.
  Fazer um molho com caldo de carne, cebola, salsa, cebolinha, coentro, pimenta-do-reino, pimenta-malagueta frita no dendê e jogar esse molho por cima das espigas e decorar. Arriar no local adequado.

  * **Farofa de dendê:** um quilo de farinha de mandioca lisa e crua, uma cebola grande ralada, sete dentes de alho, sete pimentas-malaguetas, sal a gosto. Fritar tudo com bastante azeite de dendê. Depois de frio, montar em alguidar e decorar com espigas de milho cozidas e coco em fatias. Arriar em local adequado.

– Animais de sacrifício:
Bode mocho avermelhado
Galo carijó avermelhado
Porco piau avermelhado

– Apetrechos e armas:
Cachimbo de coco
Lança com pássaros com forma de leque
Feixe de folhas

– Bebidas:
Vinho moscatel tinto
Cachaça com mel
Aluá de frutas silvestres

– Suas ervas:

• Jurubeba-roxa – utilizada em banhos preparatórios de filhos, quando da iniciação – hoje muito pouco usados – é uma erva ótima, com várias funções medicinais. Além de ser uma fruta saborosa na comida, essa planta é um ótimo agente hepático, pois propicia um bom funcionamento do fígado e baço; é ótimo digestivo, além de ser muito usada na prevenção e debelação de hepatites. Usando-se em banhos de assentos mornos propicia melhoras nas articulações.

• Dracena

• São-gonçalinho – erva de poder energético muito forte, combate olho-grande é ótima em banhos de saúde.

• Peregun – uma das principais ervas do nosso ritual – atua em quase todos os segmentos religiosos: defesa, abertura de caminhos e limpeza astral.

• Assa-peixe – combate eguns e kiumbas, pode ser utilizado nos banhos de descarrego e de saúde.

• Alecrim-do-campo – vide sua função em Kanjira

• Alecrim-do-mato – vide sua função em Kanjira

• Baunilha-de-nicuri

- Akoko – erva sagrada, usada em todos nossos rituais de purificação: banhos, sacudimentos, defumação etc.
- Aridan – muito boa para combater eguns (kiumbas) – seu pó é complemento.
- Quebra-pedra – banhos de saúde – combate pedra nos rins e problemas renais.
- Patioba –
- Obi – vide em Ferimã – noz-de-cola
- Orobô – imprescindível nas obrigações de feitura – banhos, pós e defumações.
- Amendoim – É muito apreciado por essa divindade, quando servido torrado. Fornece óleo para nossa culinária e iluminação. Funciona como excelente afrodísiaco e pode ser utilizado em sacudimentos.
- Coco-de-dendê – entre os yorubanos denomina-se adin. Sua semente sem polpa fornece óleo branco, substituindo a manteiga, e ori (manteiga de karité) – o coco debela cefaleia, anginas e combate a fraqueza dos órgãos da visão e também atua nas cólicas abdominais.
- Erva-de-santa-luzia – muito utilizada nas obrigações de cabeça, lavagem das contas, boris e também no vumbi. Pode ser utilizada nos abôs, banhos de descarrego e limpeza dos filhos de santo – seu uso em forma de chás combate o vício da bebida. Suas folhas cozidas são empregadas nas doenças óticas e no terreiro vem desenvolver a vidência.
- Carrapeta – pode ser utilizada em banhos de purificação que vem burilar a mediunidade do filho, desenvolvendo a vidência, a audição e a intuição. Faz-se de suas folhas um colírio e pode se combater as afecções da visão.
- Lágrima-de-nossa-senhora – é usada nas obrigações de cabeça, nos abôs e banhos de descarrego, limpeza e abertura de caminhos – é um diurético tremendo (chá) – os banhos debelam o reumatismo e atacam os inchaços.
- Barba-de-são-pedro – essa erva tem um forte axé para quem tem questões financeiras que depedem da justiça (sacudimento).

– Suas frutas:
Todas do **bakuro made**

– Dia da semana:
Quinta-feira

– Saudações:
* **Ewé ó! Ewé àsà!** (ketu)
Tradução: Oh, as folhas! A folha é a tradição!

* **Katende múkua-xi unsaba** (angola/lunda-kioko)
Tradução: Viva katende! O habitante(dono)das folhas
Resposta: **Kiua katende**

– Toques e ritmos:
Agere
Ilù
I8jèsà
Hamunyia

– Pawó:
Mesmo do **bakuro made**

– Pedras (otás):
Minério de esmeralda
Cristais esverdeados
Os mesmos do **bakuro made**

– Qualidades ou origem:
Pondo etango
Koropossun
Luximo
Amokum
Apokan

– **Sincretismo:**
    * Em alguns lugares é sincretizada como Santa Luzia, em outro São Benedito.

* **Ingorossis:**
    N'kise katendê banda turibanda
    Mavile mavilekongo
    É um malé...é um malé
    Catebenganga...catebenganga
    Katendê ladigina...katendê ladigina

    Akejó unsaba bokun kakó
    Akejó unsaba bokin kakó
    Minipanzo n'kise...
    Minipanzo n'kise
    Mukossi bambeló abassá
    Mukossi bambelo abassá

    Aguê marê
    Aguê marê
    Para que sodan
    Aguê maré
    Aguê maré...

14) Angorô / Angoromeia – Oxumaré:

Filho de **Ferimã – Gangarubanda – Lembaranganga – Oxalá** e de **Kerekere – Zumbarandá – Naná**, ele tem a força de governar o movimento (moto perpétuo), é o deus da chuva, do arco-íris e da energia que gira em volta do planeta e movimenta os corpos celestes e o **bakuro** que transporta a água entre o céu e a terra.

    É a manifestação do conflito natural e manifestação da ligação e união, e tem sua representação na **pororoca** (encontro das águas doces com as águas salgadas) e no arco-íris. Seus filhos têm temperamento desconfiado, retraído. São muito inconstantes e observadores, possuem também clarividência e a capacidade da renovação e mudança constante; são pessoas que rompem com seu estilo de vida (emprego, amizade etc.) para começar uma nova etapa. Têm tendência bissexual, mas nem todos aceitam bem isso, são estremamente inteligentes, curiosos e irônicos. Quando podem, gostam de ostentação, são agitados e precisam constantemente de movimentação. Esse **bakuro** contém em seu poder o bem e o mal. Conta a lenda que ele é macho por seis meses e fêmea pelos outros seis.

A forma masculina é o arco-íris, cuja a função é levar água até o castelo de **jambugurim** no céu (poder de controlar as chuvas e secas). A forma feminina é a da cobra e se movimenta agilmente sobre a terra e sobre as águas. A capacidade de esse **bakuro** assumir os dois sexos provém do fato de ele ser o representante da transformação – coerente dualidade das coisas do bem e do mal, dia e noite, masculino e feminino, amor e ódio etc. É, sensível e tranquilo.

– Suas cores:
Amarelo e preto

– Guias:
Seu fios são nas cores amarelo e preto

– Pontos riscados:

– Vestes ritualísticas:

Suas roupas têm as cores do arco-íris com bastantes cores e ele traz na mão uma cobra de metal; seu fila também tem formato de cobra de duas cabeças, uma engolindo a outra. Traz uma pequena adaga nas mãos e uma pulseira no mesmo formato.

– Comidas:

As mesmas dos **bakuros: kianda aioka e kissimbi**

– Ajeum:

Os mesmo dos **bakuros kianda aioka e kissimbi**

– Animais de sacrifício:

Coquém macho

Coquém fêmea

– Apetrechos e armas:

* Cobra de metal

* Pulseira

* Pequena adaga

* Coroa em formato de cobra

* Tridente com a cabeça e rabo da cobra

– Bebidas:

* **Aluá** de milho

– Suas frutas:

* As mesmas do **bakuro kianda aioka e kissimbi**

– Dia da semana:

Sábado e terça-feira

– Saudações:

* **Aróbò bo yi! (ketu)**

Tradução: Vamos cultuar o intermediário que é elástico (que se estica)!

* Ngana hongolo kiambote (angola/lunda-kioko)
Tradução: O belo senhor do arco-íris)
Resposta: **Angoro lê!**

– Toques e ritmos:
Ilù
Ego
Adahun
Hunto
Sato

– Pawó:
O mesmo do **bakuro kianda aioka e kissimbi**

– Pedras (otás):
* A mesma **bakuro kissimbi**
* Seixo de cachoeira

– Qualidades ou origem:
* Angoró
* Angoromeia

– Sincretismo:
* E sincretizado em São Bartolomeu

– Suas ervas:
• Batata-doce – tubérculo muito apreciado por essa divindade, como oferenda e também quando se fazem firmezas e segurança. É muito nutritiva e gostosa, sendo muito apreciada na nossa culinária.
• Coqueiro-de-vênus – para sacudimentos e limpezas comerciais – utilizado na decoração do terreiro.

- Sensitiva – banhos de descarrego, limpeza, segurança; é muito utilizada nas afecções orais (gargarejo).
- Nega-mina – excelente para banhos de descarrego e atrativo para o sexo oposto, utilizada também em obrigações que visam a abrir caminhos comerciais.
- Cana-do-brejo (ubacaia) – se restringe aos abôs e banhos de limpeza – utilizada como chá combate a anuria, problemas renais, leucorreia – antissifilítico.
- Espirradeira – muito usada nas obrigações dessa divindade e também nos trabalhos de limpeza astral. Combate sarna e piolhos (uso externo).
- Cavalinha (milho-de-cobra) – para abô e sacudimentos contra demandas e inveja.
- Graviola – muito utilizada na elaboração dos banhos de abô, limpeza e descarrego – combate a diabetes (chá).
- Língua-de-vaca (erva-de-sangue) – usada nos banhos de purificação para recolhimento e abôs – usada para lavagem dos otás e atua nas doenças de pele, sífilis e resfriados (inalação).
- Erva-de-bicho – banhos de saúde e limpeza.
- Folha-da-costa-roxa – para decoração do terreiro e obrigações – banhos de descarrego, limpeza e defesa.
- Alcaparreira (galeata) – utilizada nos abôs, banhos de purificação, limpeza, abertura de caminhos, segurança – seus frutos fornecem uma geleia que é eficaz contra picada de bichos peçonhentos – seu chá é diurético.
- Alteia – empregada nos banhos de descarrego e também na purificação dos otás – boa para gargarejos e bochechos.
- Mil-homens – para trabalhos de união, amarração e magia do amor (feminina) tônico estimacal. Vedada à gestantes.
- Araticum-de-areia – os bantus utilizam essa erva nos banhos de descarrego. Na medicina caseira polpa e frutos combatem tumores; suas folhas cozidas são boas para reumatismos.

– Ingorossis:
Tateto n'dala ria angoró
Mameto indala ria Angoromeia
Marambô...marambá...sambangolé
Marambó...marambá...sambangolé

* angoro sibenganga
Angoro sibenganga
Maré tateto
Maré mameto
Angoro sibenganga
Angoro sibenganga

* ossi ganguê Angoromeia
Ossi ganguê Angoromeia
É no kalunguê
Angoromeia gongo agila
Angoromeia gongo agila

15) Terecompenso – lógún – Edé:

Esse bakuro, filho de **Madé – Gongobira – Óxossi e Kissimbi – Kambalassinda – Dandalunda – Óxun**, é deus da riqueza e da fartura, da terra e da água. É o mais belo dos bakuros e claro, seus pais também são bonitos. Boa parte do que se sabe sobre **Terecompenso – lógún – Edé** gira em torno de sua paternidade, que é uma forma de existir e resistir, pois, apesar de pouco conhecido no Brasil, seu culto resiste e está crescendo.

Parece que na África ele é um importante caçador, embora em ilezá, ilobu, ijexá e oxobô ele seja visto como versão masculina de Kissimbi. Mas **Terecompenso – Lógún – Edé é Madé – Gongobira – Óxossi e Kissimbi– Kambalassinda – Dandalunda – Óxun**

sem deixar de ser ele mesmo: uma princesa na floresta e um caçador sobre as ondas.

Quando era casada com **Kanjira**, **Kissimbi** apaixonou-se por **made**. Um dia, **Kanjira** partiu para um batalha. **Kissimbi** teve um caso com **made** e engravidou. **Kanjira** voltou, mas não podia ver a criança, então, **Kissimbi** deixou-a em cima de um lírio e foi embora. **Yapopo** achou o menino e o criou. Ensinou-o a caçar e a pescar; **Terecompenso – lógún – Edé** cresceu e saía sempre para caçar. Um dia, do alto de uma cachoeira, viu uma bela mulher e ficou observando-a escondido. Era **Kissimbi**. Vaidosa, admirava-se num espelho e **Terecompenso – lógún – Edé** caiu na água na forma de cavalo-marinho. Por fim, **Yapopo** teve de procurar **Kissimbi** e lhe contar que havia enfeitiçado o próprio filho. **Kissimbi** desmanchou a magia e decretou que daquele dia em diante **Terecompenso – Lógún – Edé** viveria seis meses na água (comendo da pesca) e seis meses na terra (comendo da caça).

– Suas cores:
   * Azul-claro e amarelo

– Guias:
   * Azul-claro e amarelo

– Pontos riscados:

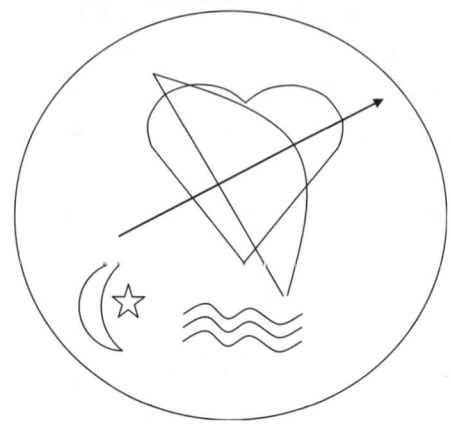

– Vestes ritualísticas:
 * Sua vestimenta é de um guerreiro com um pequeno arco e flecha, na cabeça um chapéu com pena de pavão; traz na cintura um pequeno embornal e pulseiras de osso com ouro.

– Comidas:
 As mesmas de **Madé – Gongobira – Óxossi e Kissimbi– Kambalassinda – Dandalunda – Óxun**

– Ajeum:
 Os mesmos de **Madé – Gongobira – Óxossi e Kissimbi– Kambalassinda – Dandalunda – Óxun**

– Animais de sacrifício:
 * Os mesmos de **Madé – Gongobira – Óxossi e Kissimbi– Kambalassinda – Dandalunda – Óxun**
 * Pavão macho

– Apetrechos e armas:
 * Embornal
 * Pequeno arco e flecha
 * Pequena espada

– Bebidas:
 As mesmas de **Madé – Gongobira – Óxossi e Kissimbi– Kambalassinda – Dandalunda – Óxun**

– Suas frutas:
 As mesmas de **Madé – Gongobira – Óxossi e Kissimbi– Kambalassinda – Dandalunda – Óxun**

– Dia da semana:
 Quinta-feira e sábado

– **Saudações:**
 * **Lògún ó akofà!** (keto)
 Tradução: Ele é lògún, peguemos o arco e a flecha!

 * **Mutoni kamona teleku mpensu (angola/lunda-kioko)**
 Tradução: Pescador menino, teleku mpensu
 Resposta: **Muanza ê!**

– **Pawó:**
 Os mesmos de **Madé** – **Gongobira** – **Óxossi e Kissimbi** – **Kambalassinda** – **Dandalunda** – **Óxun**

– **Pedras (otás):**
 Os mesmos de **Madé** – **Gongobira** – **Óxossi e Kissimbi** – **Kambalassinda** – **Dandalunda** – **Óxun**
– **Sincretismo:**
 É sincretizado como Santo Expedito

– **Toques e ritmos:**
 Batá
 Agere
 Ego
 Adahun
 Ìjèsà

– **Suas ervas:**
 * **obs.:** esse bakuro herdou as ervas de seus pais – **Madé** – **Gongobira** – **Óxossi e Kissimbi** – **Kambalassinda** – **Dandalunda** – **Óxun**

– **Metais**
 * **obs.:** esse bakuro herdou os metais de seus pais – **Madé** – **Gongobira** – **Óxossi e Kssimbi** – **Kambalassinda** – **Dandalunda** – **Óxun**

16) Kafulu – Ngongo Golungoloni – Wungi:

– Suas ervas:

* Amoreira – suas folhas mais tenras são usadas com mel no preparo dos banhos de defesa, sua fruta serve de oferendas para esse bakuro debela afecções da boca e garganta.

* Rosinha-aná – suas pétalas são utilizadas nos banhos de defesa, com mel.

* Groselha – utilizam-se suas folhas para banhos de descarrego.

– Ponto riscado:

17) Tempo – Kitembula:

Esse bakuro raramente aparece nos terreiros, o segredo de seu culto desapareceu conforme os sacerdotes antigos morreram; mas seu culto não desapareceu definitivamente, porque vive na mais esplêndida árvore de um terreiro, o pé de iroko (árvore símbolo dos candomblés); no entanto, qualquer árvore não leitosa antiga pode ser considerada morada dos ancestrais, tornando-se um elo entre a terra, o chão e o ar.

Esse bakuro é guardião da ancestralidade e determina a movimentação e agitação da natureza e do abassa.

– Suas cores

Todas as cores

– Suas guias:

Todas as cores

– Pontos riscados:

– **Vestes ritualísticas:**
São todas coloridas com impressão de movimentos

– **Comidas:**
As mesmas de katende

– **Ajeum:**
Os mesmos de katende

– **Animais de sacrifícios:**
Os mesmos de katende

– **Apetrechos e armas:**
Os mesmos de katende

– **Bebidas:**
As mesmas de katende

– **Frutas:**
As mesmas de katende

– **Dia da semana:**
Quinta-feira

– **Saudação:**
* **Kitembu dia banganga, talenu! (angola/lunda-kioko)**
Tradução: Vejam a divindade do ar, atmosfera!
Resposta: Kitembu ê, a!

– **Toques e ritmos:**
Agere
Ilù
Ego
Adahun

Ìjèsà
Hamunyia

– **Ingorossis:**
   * kitembu n'kise é de amauraxó
   Kitembu n'kise é de amuraxó
   No candambé é de amuraxó
   No candembé é de amuraxó

   * é de ganga Zambi kitembu la
   É de ganga Zambi kitembu la
   Ainguê tempuré
   Ainguê tempuré

   Que simbe maiongolé
   Que simbé maiongolé
   Tempo...tempo makura dilé
   Tempo... Tempo makura dilé

– **Suas ervas:**
   * Esse bakuro recebe todas as ervas dos outros do panteão afro
-brasileiro, já que os banhos de abô estão sob seu comando.

   * Nossa religiosidade se prima por agradar os sentidos: tato, visão,
audição, fala e principalmente o odor. Dentro dessa concepção, temos a defumação, que consiste em espalhar bons fluidos e odores
pelo local onde a fazemos. Purifica, perfuma e abre o ambiente para
que as forças energéticas possam fazer seu trabalho, propiciando um
bom andamento, limpeza e descarrego. A defumação de acordo com
as ervas tem uma série de funções, funções essas que serão determina
das pelo zelador que está no comando da situação, pois ele é que está
acompanhando o desenrolar dos trabalhos. Cada erva tem o seu significado e poder, por isso é que a misturamos e ainda utilizamos pós que
podem ser vegetais, minerais ou animais. Temos uma defumação que

chamamos de grossa e que é feita como uma primeira limpeza, ou seja, lava o grosso dos carregos e usa os ingredientes abaixo (vale salientar que a lua influência), se for para minguar um mal, demanda, trabalho feito, tirar um encosto. Essas ervas serão colhidas na lua minguante, para o crescimento pessoal, comercial e amoroso; lua crescente, para que possamos obter sucesso em tudo na vida; as outras luas também são bem propiciatórias.

Defumação grossa:
Bosta de vaca
Raspa de chifre
Casca de alho
Casca de cebola
Arruda
Guiné
Sal grosso
Estoraque
Enxofre

Defumação fina (básica):
Alecrim-do-campo ou alecrim-da-horta
Manjericão
Alevante
Boldo-do-Chile
Caferana
Incenso-bejoim
Sândalo
Pixuri
Alfazema
Louro
Dandá-da-costa, guiná
Polônia
Manacá
Velame-branco

Aridá

Jaborandi

Significado de alguns ingredientes:

- Alecrim-do-campo, alecrim – defesa e abertura de caminhos
- Manjericão – saúde
- Alevante – saúde, fartura
- Velame-branco – saúde, paz
- Boldo-do-chile, caferana – paz, harmonia
- Insenso-de-igreja – paz, harmonia, atrativo
- Bejoim – paz, humildade, caminhos positivos
- Sândalo – justiça, dinheiro
- Pixuri – justiça, dinheiro, trabalho
- Alfazema – atração, conciliação
- Louro – atrativo p/ dinheiro, abertura comercial e prosperidade
- Dandá-da-costa – harmonia, paz, união
- Aridá – contra kiumbas ou éguns
- Guiné – fartura, saúde
- Jaborandi – justiça, leis, dinheiro
- Polônia – união, paz, esfriamento
- Manacá – harmonia familiar
- Bosta de vaca – segurança e defesa de ambiente
- Chifre (raspa) – abertura de caminhos, defesa, mau-olhado, inveja
- Casca de alho – mau-olhado, inveja, espíritos zombeteiros
- Casca de cebola – mau-olhado, inveja, espíritos zombeteiros,
- Arruda – almas, olho-gordo
- Sal grosso – quizilas em geral, olho-gordo, inveja, azar.

– Algumas defumações e utilização:

• Defumação medicinal para ajudar a identificar se a doença é material ou espiritual:
– sete folhas de jurema
– sete folhas de fumo
– sete punhados de alecrim
– sete punhados de incenso
– sete punhados de mirra.

• Defumação para combater demandas, invejas, proteção:
– palha de alho roxo
– punhado de pó de café
– punhado de alfazema
– estrume de boi
– assafétida
– incenso

• Defumação para prosperidade:
– uma colher-de-sopa de pó de café
– uma colher-de-sopa de açúcar
– cascas de laranja (seca)

• Defumação de descarga:
– espada-de-são-jorge (verde)
– espada-de-são-jorge (amarela)
– palma-de-santa-bárbara
– quebra-tudo
– levante
– arruda-macho
– arruda-fêmea
– comigo-ninguém-pode (macho)
– comigo-ninguém-pode (fêmea)

- Defumador de descarga (**Aluvaiá**):
  – raspas de chifre de gado
  – pedaços de fumo de rolo.

- Defumador de descarga de caboclo:
  – palha de alho
  – guiné
  – alecrim
  – canela em pó
  – arruda

- Defumação para abrir caminho, chamar dinheiro, clientes:
  – folhas de eucalipto secas
  – bagaço de cana seco
  – açúcar mascavo
  – cravo-da-Índia
  – seis gotas de mel
  – seis punhados de pó de café.

- Defumação para prosperidade:
  – folhas de cana secas
  – pimentão verde seco
  – seis pitadas de açúcar mascavo
  Obs.: queimar de dentro para fora!

- Defumação de limpeza de residências:
  – um punhado de fedegoso seco
  – um punhado de arruda seca
  – sete pitadas de fubá.

- Defumação de descarrego:
  – sete punhados de guiné
  – sete punhados de arruda
  – sete punhados de alecrim
  – sete punhados de pinhão-roxo.

- Defumação para amor (atrativo):
  – folhas de canela secas
  – cravos-da-índia
  – seis pitadas de açúcar
  – seis gotas de mel
  – incenso

- Defumação comercial:
  – sete punhados de abre-caminho
  – sete punhados de dinheiro-em-penca
  – sete punhados de açúcar
  – sete punhados de louro.

- Defumação para prosperidade:
  – seis folhas de louro
  – um punhado de cravo-da-índia
  – um punhado de erva-doce
  – um punhado de canela em pó
  – um punhado de açúcar mascavo
  – caroços de seis quiabos secos

Obs.: defume a casa de comércio da frente para o fundo, pedindo para **Jambangurim** prosperidade. Despachar em uma praça movimentada.

- As ervas para banhos, amacis, boris e abôs se classificam por dualidades, ou seja:
  – macho e fêmea
  – direita e esquerda
  – agitação e calma
  – positivo e negativo

* São imprescindíveis na preparação dos amacis, boris e abôs. O abô é composto por 16 ervas combinadas, das quais oito são fixas

e as variáveis são chamadas de folhas-dos-santos (elas são empregadas de acordo com o bakuro, ínkise, Orixá do indivíduo ou da situação específica: lavagem de contas, otás, feitura, banhos, limpeza, descarrego, defesa, beberagens etc.).

– Folhas fixas:

Ervas	Bakuro	Classificação	Sexo
Apolônia	Kianda Aioká	Calma	Feminino
Guiné	Madé	Agitação	Masculino
Alecrim	Kanjira	Agitação	Masculino
Jaborandi *	Jambangurim	Agitação	Masculino
Gameleira-bca.	Ferimã	Agitação	Masculino
Gameleira-pta **	Kaviungo	Agitação	Masculino
Brilhantina	Kissimbí	Calma	Feminino
Manacá	Kerekere	Calma	Feminino

*Pode-se usar ariri.
** Pode-se usar manjericão.

As folhas se classificam por faixa de atuação de acordo com os elementos da naturerza:

• **Água:** Kerekere, Kianda Aioká, Kissimbi, Angorô, Telekompensu
• **Terra:** Ferimã, Yapopô
• **Ar:** Kaviungo, Kanjira, Madé, Telekompensu, Kitembula, Katende, Angoro
• **Fogo:** Jambangurim, Aluvaiá.

Elemento água:

Kerekere	Kissimbi	Kianda Aioká	Todas
Folha-da-fortuna	Cebola	Polônia	Salsa-brava
Melão-de-são--caetano	Lágrimas-de--nossa-senhora	Água-de--alevante	
Azedinha	Jambu	Aguapé	
Mãe-boa	Brilhantina	Maricotinha	
Samambaia	Jarrinha	Capeba	
Língua-de--galinha	Nenúfar	Dandá-da-costa	
Manacá	Papo-de-perú	Musgo-do-mar	
Erva-de-santa--luzia	Erva-de-santa--luzia	Folha-da-costa	
Ciprestre	Ameixa	Cipestre	
Pinhão-roxo	Assa-peixe	Alga marinha	
Nega-mina	Melissa	Malvona	
Losna	Poejo	Amor-do--campo	
Carqueja	Malva	Alfazema	
Boldo	Camomila	Nega-mina	
Manjerona	Chibata		
Hortelá	Mal-me-quer		
Sensitiva	Oriri		

Elemento terra:

Kissimbi	Kaviungo	Madé	Ferimá	Kanjira	Angoró
Baunilha--de-nicuri	Sete--sangrias	Guiné	Gameleira--branca	Goiabeira	Batata-doce
Akoko	Gameleira--preta	Tira-teima	Malva-do--campo	Alecrim	Coqueiro--de-vênus
Aridán	Manjericão	Milho	Tapete-de--Oxalá	Alecrim--do-campo	Sensitiva
Quebra--pedra	Rabujo	São--gonçalinho	Bete--cheiroso	Capixaba	Nega-mina
Patioba	Jenipapo	Jasmim--manga	Algodão	Espada-de-são-jorge	Cana-do--brejo
Obi	Fruta-de--conde	Caramboleira	Mamoeiro	Peregun	Espirradeira
Orobó	Velame	Carqueja	Dendezeiro	Bredo	Erva-de--bicho
Barba-de--são-pedro	Mamoeiro	Caiçara	Inhame	Cajazeira	Folha-da--costa-roxa
Dracena	Patinho--roxo	Murici	Folha-da--costa	Mangueira	
Assa--peixe	Erva-de--passarinho	Abre--caminho	Boldo-do--chile	Beldroega	
	Cajamanga	Dracena	Saião	Amor--crescido	
	Baba-de--boi	Assa-peixe	Erva-cidreira	Botão-st.--antônio	
	Jaqueira		Manacá--branco	Inhame	
	Canela-de--velho		Camomila	Açoita--cavalo	
	Cordão-de--são--francisco		Manjerona	Chapéu--de-couro	
	Quitoco		Hortelá	Eucalipto	
	Cana-do--brejo			Losna	

	Babosa			Aroeira	
	Carqueja			Agrião	
	Artemísia			São- -gonçalinho	
	Absinto				

Elemento ar:

Yapopô:
Erva-de-santa-bárbara
Espada-de-Yansá
Sensitiva
Bambu
Romã
Taquaril
Para-raio
Pinhão-roxo
Pinhão-branco
Trombeta
Bonina
Maracujá-caiano
Cinco-chagas
Pata-de-vaca
Louro
Douradinha-do-campo
Dracena
Açoita-cavalo
Umbaúba-prata.

152

Elemento fogo:

Jambangurim	Aluvaia	Katendê
Jaborandi	Urtiga-branca	Jurubeba-roxa
Cambará-vermelho	Vassourinha-de-exu	Dracena
Imbaúba	Pimenta-da-costa	São-gonçalinho
Tamarineiro	Pimenta-malagueta	Peregun
Aroeira-branca	Aroeira-branca	Assa-peixe
Aroeira-roxa	Aroeira-roxa	Alecrim-do-campo
Fedegoso	Tiririca	Alecrim-do-mato
Ariri	Maconha	
Cambuatá	Perpétua	
Sabugueiro	Corredeira	
Pixuri	Coerana	
Quiabeiro	Urtiga-vermelha	
Bilreiro	Erva-de-bicho	
Erva-de-são-joão	Erva-de-fogo	
Urucum	Açoita-cavalo	
Castanha-do-pará	Manona	
Suspiro roxo	Carrapicho	
Nega-mina	Caetós	
Louro	Sempre-viva	
Erva-de-passarinho	Corredeira	
Pariparoba	Cansanção	

Alguns banhos de ervas, para diversas finalidades:

• Banho atrativo do amor
  – material:
  um litro de água da cachoeira
  um vidro pequeno de mel
  um litro de água do mar
  um vidro pequeno de melado
  sete rosas amarelas
  sete rosas brancas
  duas velas nº 08 branca

Obs.: misturar a água da cachoeira, cinco gotas de mel, água do mar, sete gotas de melado, despetalar as rosas e misturar. Deixar dormir no sereno e no dia seguinte banhar-se da cabeça aos pés. Acender as velas para **Kissimbi & Kianda Aioká** e pedir amor. Fazer numa lua crescente ou cheia.

• Banho para atrair boa sorte:
  Para atrair boa sorte, num balde com água de poço, coloque oito pitadas de wàagi e oito pitadas de éfun ralado. Banhe-se da cabeça aos pés e vista-se de branco. Oferecer a **Ferimá** canjica branca cozida e polvilhada com éfun ralado. Acender duas velas nº 08 brancas ao lado da obrigação. Colocar a canjica em uma tigela e em um tecido branco. Se possível depositar em um monte.

• Banho de limpeza astral:
  Macerar folhas de abre-caminho, saião, oriopepé, folha-da-lua, polônia, macaça, anis e vence-tudo. Derreter um sabão-da-costa ou de coco, acrescentar o sumo das plantas, pó de dandá-da-costa, éfun ralado, ori-da-costa. Misturar tudo e congelar. Tomar o banho duas vezes por semana.

• Banho para limpar uma casa:
  Folhas de fedegoso secas
  Lascas de aroeira secas
  Folhas de aroeira secas
  Folhas de quebra-demanda ou quebra-feitiço

  Cozinhar tudo, misturar sabão-da-costa e lavar a casa.

• Banho para limpeza do corpo:
  Sete punhados de guiné
  Sete punhados de arruda
  Sete punhados de alecrim
  Três espadas-de-são-jorge amarela
  Três espadas-de-são-jorge verde
  Três pitadas de sal
  Três dentes de alho cortados em cruz
  Sete punhados de pinhão-roxo

  Cozinhar tudo, tomar do pescoço para baixo.

• Banho atrativo do amor:
  Sete punhados de cravo
  Sete punhados de canela
  Três pixuris ralado
  Uma colher-de-sopa de mel
  Uma rosa vermelha em botão
  Sete gotas de essência de alfazema

  Cozinhar tudo – tomar o banho de corpo inteiro.

• Banho atrativo do amor:
  Casca de cebola

Salsinha
Uma colher de mel
Uma obi ralada
Seis sementes de umburana
Erva-doce
Sete punhados de manjericão verde
Três rosas amarelas abertas

Cozinhar tudo e tomar banho de corpo inteiro.

• Banho atrativo do amor:
  Capim-limão (erva-cidreira)
  Lírio-do-brejo (folhas)
  Noz-moscada ralada
  Casca de maçã vermelha
  Cravo-da-índia
  Canela em pau

  Cozer e tomar banho de corpo inteiro.

• Banho atrativo para: amor, simpatia, sucesso:
  Uma flor de girassol
  Sete cravos-da-índia
  Um bom punhado de erva-doce
  Uma colher de açúcar mascavo
  Uma noz-moscada ralada
  Um punhado de sândalo

  Colocar tudo em uma panela com água, deixar ferver por 30 minutos. Misturar em um balde com água de mina. Tomar o banho da cabeça aos pés. Levar as sobras para uma praça com jardim bonito e movimentado. Deixar tudo no jardim e regar com azeite doce, fazendo os pedidos.

• Banho atrativo:
   Uma flor de girassol
   Sete cravos-da-índia
   Sete pedaços de canela em pau
   Uma noz-moscada ralada

Colocar os ingredientes em uma panela com água e deixar cozinhar por 15 minutos. Logo após, misturar num balde com água de mina. Tomar o banho de higiene e depois o banho da cabeça aos pés. No dia seguinte, colocar uma flor em uma praça movimentada e passar cinco moedas pelo corpo e jogar em cima da flor. Pedir o que se quer.

• Banho para paz, tranquilidade e progresso:
   Água de canjica
   Água de flor de laranjeira
   Água de rosas
   Sete gotas de baunilha
   Manacá macerado

Misture tudo em um balde com água de mina. Tomar o banho da cabeça aos pés. Acender uma vela para seu **bakuro.** Colocar roupa clara.

• Banho para paz e tranquilidade:
   Macaça
   Poejo
   Saião
   Polônia

Rosas brancas de jardim
Oriri

Macerar as ervas em um balde com água de mina. Tomar o banho por três dias seguidos e acender uma vela para seu **bakuro** por três dias também. Após três dias despachar a maceração num mato (limpo).

• Banho da sorte, prosperidade e dinheiro
Sete folhas de louro
Sete cravos-da-índia
Uma noz-moscada ralada
12 punhados de erva-doce
Cascas de maçã secas

Colocar tudo dentro de uma panela com água e ferver por 15 minutos. Depois misturar em um balde com água de mina. Tomar o banho no corpo inteiro. Despachar em uma praça movimentada.

• Banho atrativo:
Um molho de funcho
Cinco cravos-da-índia
Cinco caroços de milho vermelho
Uma noz-moscada ralada
Um pixuri ralado
Um punhado de sândalo
Uma colher-de-sopa de açúcar mascavo

Cozinhar tudo por uns 15 minutos. Higienizar o corpo e depois jogar o banho da cabeça aos pés. Colocar, se possível, roupa branca, azul e branca, branca e amarela, rosa com branca.

• Banho para trazer sorte e dinheiro:
Sete folhas de louro

Sete cravos-da-índia
Uma noz-moscada ralada

Fazer esse banho pilado (socado) numa quarta ou quinta-feira de lua nova ou crescente. Corpo inteiro, despachar as ervas em lugar movimentado.

- Banho para descarregar o astral:
  Uma espada-de-são-jorge partida em sete pedaços
  Sete caroços de milho vermelho
  Sete folhas de aroeira
  Sete folhas de vence-tudo
  Sete folhas de saco-saco
  Sete folhas de abre-caminho
  Sete folhas ou galhos de manjericão.

- Banho contra olho-gordo, inveja e demandas:
  Sete folhas de vence-tudo
  Sete folhas de vence-demanda
  Sete folhas de guiné
  Sete folhas de desata-nós
  Sete folhas de saco-saco
  Sete folhas de aroeira
  Sete folhas de branda-fogo
  Sete galhos de alecrim
  Sete caroços de milho vermelho

Aconselhável tomar o banho na lua minguante – cozinhar por 30 minutos, acrescentar água e tomar o banho do pescoço para baixo. Colocar roupas claras. Despachar o bagaço no rio ou no mato. Acender uma vela para **Kanjira**.

• Banho atrativo do amor:

   21 sementes de girassol

   21 pétalas de girassol

   Sete punhados de arroz em casca

   Sete punhados de milho vermelho

Deixar tudo de molho, de um dia para o outro, em água de sete cachoeiras diferentes. Quinar no outro dia junto a esse banho oripepê, oriri, patchouli e uma noz-moscada ralada, sete gotas de essência de flor de laranjeira. Pescoço para baixo (tomar o banho em sábado de lua boa e antes do meio-dia – crescente, cheia ou nova).

Obs.: os cereais são crus.

Estrutura e formação de um terreiro (abassá) de omolokô (lunda-kioko) (angola)

• **Sambilé ou salão:** é o espaço físico da casa, é nele que se encontram os locais de atendimento ao público e também as estruturas de ritual.

• **Cumeeira ou itotò:** é o local onde está plantado o aliasé da casa, dedicado ao ínkice que rege a casa, podendo ser o do zelador(a) da casa. Este se divide em duas partes consagrando o céu e a terra. Na cumeeira do terreiro ergue-se a panela com os fundamentos da casa ou do ínkice; no chão, plantam também os fundamentos inerentes à segurança da casa. Os fundamentos são diferentes um do outro.

• **Casa de Aluvaiá:** é a casa de exu da casa e dos filhos. É nesse local que se plantam as seguranças da casa e dos filhos também, além dos principais segredos da casa.

- **Ronkó ou lembaci:** é o local de assento dos bakuros e ínkices da casa; é o mais sagrado do barracão, tanto que é chamado de quarto santo.

- **Tempo:** é onde se assenta esse bakuro e deve ficar na frente do barracão, com uma árvore que pode ser gameleira, obi etc. Essa árvore tem ao lado uma vara (pode ser de bambú) com uma bandeira branca que determina o espaço físico do terreiro; também colocam-se laços e adornos de palha nessa árvore. Nos pés colocam-se os assentamentos e o pote de banho de abô.

- **Pepelé:** é o local onde se colocam os três atabaques da casa:
  # **n'gomba (maior) ou run**
  # **n'guenje (médio) ou run pí**
  # **gonguê (pequeno) ou lé**

- **Casa das almas, balé das almas ou yombetá:** é onde cultuamos os éguns, pretos velhos e nossos ancestrais. Quem deve comandar a casa de almas são filhos de **Kaviungo ou ómolú.**

- **Apejó ou quarto de búzios:** local de atendimento com jogo, tanto público como paz aos filhos da casa.

- **Assistência:** local destinado aos frequentadores da casa, clientes, visitantes (local aberto ao público).

No nosso culto e em toda religiosidade afro-brasileira as folhas têm suma importância, dependemos delas para tudo – é por esse motivo que louvamos katendê sempre e uma das formas é a **sassanha** que são cantigas desse **bakuro,** cantadas na hora da maceração das ervas (**unsabas** ou **insabas**). Devem ser feitas por uma pessoa preparada e que tenha sido levantada para tal, e principalmente tenha mão para folhas. Sempre ao quinar ervas, a pessoa que o está fazendo deve ter sempre ao seu lado um copo com água e uma vela acesa e também um pedaço de fumo de rolo. Recomenda-se muita contrição, silêncio, e que nunca seja feita na presença de estranhos. Eis algumas cantigas:

- Aguê marê
Aguê marê
Para que sodan
Aguê maré

- Katende é oia bibicoia
Katendê é oia bibicoia

- Katendê ladigina arauandê
Meu katendê ladigina

- Sal urepepé
Ínkice katendealará sal urepepé
Ínkice katendealará ó

- É ojá um a bururu
Odá um a bururu
Katendê a
Lore a inan

- Abebê embí
Abebê membó
É abebê
Abebê embí a
Bebè membó
É abebê

- Atacolé oju euê
Ainan na colé
Oju a bocun

Quando se vai recolher o santo dentro barracáo o zelador(a) (ta-teto ou mameto) de santo deve entoar essa cantiga, pedindo a todos os ínkices que naquela hora venham resguardar a todos no abassá:

- Ínkice passo madobé
Avaninha laicò
Aê...aê...aê
Avaninha laicô
Avaninha de coiá... Coiá
Avaninha abé coró
Kuá azan unketa
Unketa andarála....

- Uzantála maleme inkice
Maleme inkice
Kissicarangombe siá mukumakanguê
Siá mucossi m'bote kamutuê
Insá unketa muki azan akodi...

Para nós o obi é sagrado e poderoso; quase todas as nossas obri-gações levam essa fruta e quando vamos dar um bori, fazer um amaci ou mesmo fazer o santo de alguém, sempre rezamos:

- Obí mafarewá
Koadegi e sê um kó
Igená

- M'bote zukála
Unguiá obolossun mabú akobó
Obi...obi...obi ria ínkice
Maza kussukalassi kamutuê...

Para nós dos cultos afros, todas as coisas, atitudes e palavras me-recem e têm respeito, por isso quando vamos comer ou servir comida, tanto para os ínkices, quanto para os filhos, devemos nos reverenciar e respeitar. Por isso pedimos e oramos sempre nessa hora:

– muchacá tumburunguzó
Gunzó, gunzó burá burá
Um cê quecê Dandalunda
Que eu a sambuquará
Acocheroche angola
Acocheroche lunda-kioko
Acocheroche omolokô
Katú queu alá
Kambina coro camueto corô
Dilunga
Dilunga sambuquera samba

– angola dilonga dilonga que eu amboté
Lunda-kioko dilonga dilonga que eu amboté
Omoloko dilonga dilonga que eu amboté
Cambó angola aneto
Cambó lunda-kioko aneto
Cambó omolokó aneto
Misangá amim borocô
Andá quará zerú zerú
Andá quará zerú zerú
Denga lenga taca fafa
Mané kaputo zecuzala

– para oferecimento da comida:
* comancheto isala senzala isala aueto
Comancheto isala senzala isala aueto

* mucossi m'bote angorossi
Oberó d'ajeun... oberó d'ajeun
Kuá lesó ajeunsá
Kuá lesó ajeunsá
Mucossi m'bote angorossi

Após o ajeum:
– ajeum aje um bó
Ajeum aje um bó
– ajeum kenã, kenã
A fé de um malá
A fé de um malá...

Quando recebemos uma graça ou simplesmente queremos agradecer nossos ínkises, procedemos assim:
– timbé pa lá que lun
Afé de um malá
Afé de um malá
Timbé pa lá no que
Sunzá que sunzá maiungá
Makamba já angorossi de tata vodun emana
Ingerewá béo tateto Mukumbe emana
Ingerewá... (citar o nome dos bakuros ou ínkises).

Nós dos cultos omolokô (lunda-kioko) temos uma oração muito forte que nos socorre, conforta e protege. Mas ela também é para quando nós reverenciamos a cumeeira do abassá:
– um cê quecê de quando Dandalunda
Um cê quecê de quandu é andá
Um cê quecê de quando Dandalunda
Um cê quecê de quandu é andá

Kassangi kolassange já mukonguê
Lassanda kaia lakaia já mukonguê
Kassutenda ê lassanda kaia lakaia já mudelé
Angoromeia kongoa samba angola
Azuele catú de moná
Angoromeia angoro samba angola
Azuelé katudimalá.

Quando vamos recolher o filho para o santo dizemos assim:
– londê, londê
Kadê londirá aê

– brokoió, brokoió
Brokoió, baluandê
Brokoió, brokoió
Brokoió baluandá

Aê muzenza
Salerò parnevô
Salerô kaudeaundá...

Cantiga para levar o noviço para o ronkó para recolher:
– olha o aganguê
Olha o aganguê
Eu aganguê
Aganguê
Aganguê euá
Aganguê euá

Mostraremos a seguir alguns angorossis que são utilizados na feitura de determinadas obrigações. Deixo claro que não são todas; as principais são mantidas sem divulgação:

Na feitura:
– é muzenza
Muzenza que eu abatò
E muzenza, muzenzá

Antes da suna ou digina:
– é aê aê
Conzenzê
É aê aê
Conzenzê

– katipondirá aé mameto
Katipondira aê tatetu
Katipondirá ínkise
Conzenzê katipondirá.

Durante a confirmação da suna ou dijina:
– unguí maiála mucossi n'zambi
Kuió bokun mukí kuá
Kamutué mukossi abaté insó
Kuió bokun mukí kuá

Na feitura, cantamos assim:
– bakuro...
Bakuro...
E muzenzá
Muzenza que eu amê
Muzenza que eu bató
E muzenzá
E muzenzalá.

Quando o bakuro ou ínkice determina a suna ou dijina, agrade-
cemos cantando assim; com o noviço deitado na decisa:
– muzenza mameto ialoiá tá no boriô riô ó
Auê munhasá... auê munhasá orô
Moxi de mameto iabá que belo dô nicojó
Muzenza tateto ialoiá tá no boriô riô ó

– aiê aiê muzenza... muzenza ê ê!
E muzeze saquê de mameto que sanga
E muzeze saquê de tateto, que sanga
Alê alê muzenza do......... (falar o nome do bakuro ou ínkice)!

– a ungê maná iokô
A ungê maná iokô aiê
Dassó é angola

Dassô é lunda lundá
Dassô é omolokô
Dassô angola aiê
Lembareganga que no angorossi
Dassó é angola
Dassô é lunda lundá
Dassô é omolokô

Nós, dos cultos afro-brasileiros, temos um cerimonial de purificação do(a) noviço(a), que se chama **maionga,** que são vários banhos de limpeza, energizantes e para defesa. Para poder descarregar e deixar o astral bem "zen", esses banhos são dados de madrugada e de acordo com o bakuro ou ínkise da casa e do(a) noviço(a); na hora de aplicálos, cantamos assim:

•Makangola peraingé
Sange no pata kola
Sussu que me logi
Sussu que canturi caianga no pemborê!

• M'angombê é dicocoré
É dicocoré tatê
Tatê no sambangola
Tatê no sambangolá

• Quendá maionga êê
Quando eu andê
Quendá maionga êê
Maionga... Maiongo lá!

•Songoromeia aiê
Quando eu adá à
Andé mameto
Andé tateto
Songoromeia aiê...

• Agô dicúm...
Agô dicum...
Que mió bereumim...
Que mió bereumim...
Bessen dabeó di manã
Bessen dabeó di manã
• Tata menha...
Odá tateto
Erô muzenza
Erô maionga
Didê, para que nã
Erô muzenza
Erô maionga

•Maionguê... maiongá
Maionguê... maiongá!!!

•Tateto tá chamando maionga
Tata na maioneia – maionguê... Maiongá

•Fala maionga embó
É menha
É maza... maionga embô
Maiongo lê... Maiongo lá.

Algumas cerimônias dos cultos afro-brasileiros:

Existem várias cerimônias litúrgicas, nos cultos afro-brasileiros, e todas têm uma destinação fundamental, que é engrandecer e demonstrar a gratidão para com as forças cósmicas e vivas da natureza: nossos bakuros (ínkices, Orixás).

Quando, em uma cerimônia de homenagem às nossas divindades, uma pessoa não iniciada recebe as vibrações do santo que está sendo homenageado, dizemos que esta pessoa **"bolou para o santo"**, ou seja, ela entra em transe inconsciente, chegando às vezes a cair e rolar no solo. Esta pessoa então é levada ao ronkó, onde o tata ou a mameto pede maleme ao santo e confirma, pelos búzios, se há necessidade de recolher esse filho. Se houver a real necessidade, se começam os preparativos para realizar a cerimônia de feitura de cabeça. No caso de acontecer com uma pessoa iniciada, não chamamos "bolar para o santo" e sim "virar no santo". Se o iniciado pertencer à casa onde se realiza a cerimônia, ele é levado para o quarto santo, para que a divindade manifestada suba e o iniciado possa continuar tomando parte do ritual realizado. Se o iniciado pertencer a outra casa, não tendo assim local para seu santo ir embora, é pedida permissão ao zelador da casa para que essa pessoa adentre o quarto santo. Nos rituais lunda-kioko (omolokô) a cerimônia de recolhimento de um neófito começa logo após a confirmação do **bakuro** e então se dá um prazo a essa pessoa para que prepare tudo que é necessário para sua iniciação. Por três dias, ele passará recolhido e isolado na camarinha. Nesses dias e nos próximos 21 dias no total, o iniciado passará por um pequeno aprendizado – noções básicas sobre o culto, algumas orações, conhecimento sobre os bakuros, hierarquia da casa. O resto, na nossa nação, o iniciado aprende trabalhando no dia a dia e dentro do terreiro, assim ele vai entendendo o porquê de tudo e vai se graduando para que, no futuro, receba cargos dentro do santo.

Inguecê benguê kamutuê
(cerimônia de feitura de santo)

O participante que, em uma cerimônia, bolou para o santo e foi retirado do recinto e levado ao **ronkó**, terá confirmado pelo tateto ou mameto ti ínkice, pelo jogo de búzios, qual é o bakuro dominante. Bakuro que tomará a frente desse filho, aquele que comanda o kamutuê (cabeça). Após a confirmação e procedidas todas as cerimônias de entrada do noviço, este, já em reclusão, passa a receber orientação de uma pessoa que será aquela que o vai "criar" (mãe ou pai criador), e no decorrer desses dias recolhidos segue-se uma série de obrigações estabelecidas: banha-se com banho da fonte: **maza Ferimá**, ao ar livre, também passa pela **maionga, abôs**. Antes de ser recolhido, o(a) noviço(a) recebe suas montagens, que determinam seu grau dentro da iniciação. Seu zelador lhe monta, nos braços, **mokás** (trançados de palha, com búzios, que se amarram nos braços acima dos cotovelos), recebe seus **guiames** (guias de uma volta, nas cores de seu bakuro e nas dos adjuntos), recebe ainda seus **deLoguns** ou **chumbetás** (colar de sete voltas nas cores de seu pai e sua mãe – bakuros), seus **oxoros** (pequenos guizos amarrados nos tornozelos), recebe ainda um contra-egum de barriga (trançado de palha) fixado em sua barriga, recebe o kelê (trançado de palha que circunda e protege seu pescoço, suas costas e seu peito e serve também para direcionar o santo). Quando manifestado, o iniciado irá portar estes paramentos por 21 dias (período em que estará de resguardo total: sexo, comida, bebida, encruzilhada, encontro com funerais, hospitais etc. Voltando ao processo iniciatório, o(a) noviço(a), neste período de recolhimento, terá, além do zelador de santo, várias pessoas a seu serviço (praticamente a hierarquia da casa). Depois de realizadas todas as obrigações, o novo iniciado termina a primeira fase de seu "sacrifício", pois aí volta ao convívio dos seus. A saída de um novo futuro sacerdote é uma festa muito rica e bonita. Nela todo corpo mediúnico da casa vem paramentado, e a casa recebe convidados ilustres, que vêm prestigiar o novo sacerdote afro-brasileiro. Após o cerimonial de saída, o novo iniciado está livre para ir para casa, de onde retornará quando se completarem 21 dias de sua entrada para sua parcial liberação. Como já dissemos, nestes 21 dias ele(a) ficou a serviço de seus bakuros, num aprendizado constante. No omolokô, a pessoa tem que seguir um ritmo de obrigações que é de ano em ano, pelo menos por sete anos, quando o iniciado receberá em definitivo seu cargo e estará apto para tocar inclusive sua própria casa-de-santo.

Deká

É uma cerimônia muito festiva, na qual o tata ti ínkice transmite para seu filho-de-santo o cargo a que fez jus durante o período de sete anos de obrigações, e que vão determinar seu grau dentro da hierarquia dos cultos afros lunda-kioko (omolokô). Se esse filho cumprir corretamente com seus deveres e tiver um aprendizado condizente, estará apto a exercer o cargo de tata ti ínkice se assim os bakuros determinarem. São estas divindades que também irão determinar, nesse período de sete anos, a graduação que o sacerdote irá ter, podendo ser:

- Tata ti ínkice (pai, zelador)
- Mameto ti ínkice (mãe, zeladora)
- Kota maior ou makota (ekedi)
- Tata n'denge (pai pequeno)
- Mameto n'denge (mãe pequena)
- Eakota tororo (mãe pequena)
- Kissikarangome (ogã)
- Kambui (tocador de atabaque)
- N'inlu (tocador de atabaque)
- Kivonda (atoxogum)
- Kinsaba (coletor de folhas)
- Tata nê (jogador de búzios)
- Tata n'ganga (jogador de búzios)
- Mna xikola (iniciado)
- Kalungombe ou tata de numbi (que cuida das almas)
- Kota (filhos com mais de sete anos)

Quando o filho recebe sua graduação no deka, seu zelador de santo tem o compromisso e a obrigação de auxiliá-lo na fundação de sua casa-de-santo, se assim esse filho quiser. Seu zelador montará toda a infraestrutura necessária para que ele possa dar continuidade ao seu destino de servir e fazer a caridade, praticando ações benéficas e não contribuindo para denegrir a imagem de nossa religião. O filho-de-santo não precisará abandonar a casa, podendo permanecer na sua casa de origem.

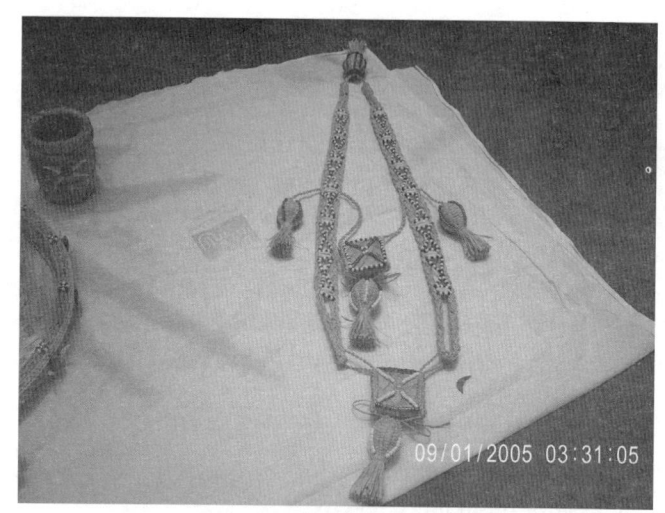

Deká Masculino

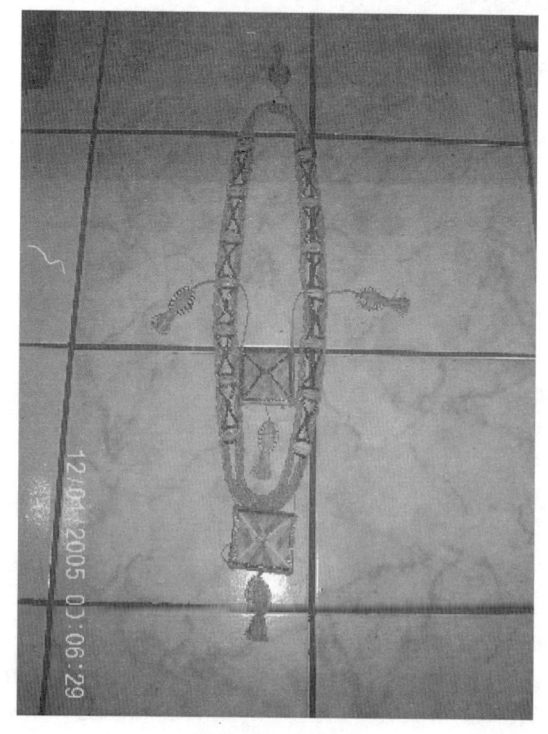

Deká Feminino

Osé

É uma obrigação que se faz toda primeira semana de cada mês, quando todas as pessoas encarregadas no ronko e filhos designados pelo zelador-de-santo se reúnem para limpeza do quarto-de-santo (tanto material quanto espiritual), retirando todos os assentamentos, apetrechos, armas, louças dos bakuros, para assim asseá-los e manipulá-los. Os filhos que são encarregados dessa manipulação passam por um processo de purificação. Após este ritual são arriadas as oferendas e os sacrifícios dos bakuros da casa.

Bori

Cerimônia de dar comida à cabeça semelhante a um batismo, na qual se jogam os banhos de amancis, recolhendo-se por algumas horas. Esse procedimento é realizado para pessoas necessitadas espiritual e materialmente. É um dos primeiros passos para que a pessoa se torne um futuro sacerdote. O bori é um ritual quase sempre feito reservadamente para qualquer pessoa que necessite da assistência e proteção do seu bakuro, tanto no campo material quanto no campo espiritual.

Tirar a mão de vumbi

Vumbi é a influência que continua exercendo a mãe ou o pai-de-santo, depois do falecimento.

O certo é que o pai ou a mãe-de-santo que falece, julgam-se com domínio sobre os filhos que ficaram na terra, e assim passam a prejudicá-los, tornando-se obsediadores, trazendo graves prejuízos, tudo isto por falta de esclarecimento.

Para evitar que isso aconteça, faz-se a cerimônia para retirar a mão da cabeça. Assim, com as ervas sagradas pertecentes ao olori e

174

ao eleda, e principalmente à Ferimá, tudo é socado ou macerado. Extraído o sumo joga-se na cabeça do filho, lavando-a. Depois de lavada, procede-se com o ero do ori; feita essa obrigação joga-se novamente o sumo das ervas, tudo ao som de cânticos próprios e de reverência aos bakuros.

A seguir, acontece o sacrifício de animais, deixando a menga cair ligeiramente na coroa do filho. Terminada esta operação o filho fica de repouso sobre a dicisa. A Kalungombe tira os inxes, coloca-os na vasilha do santo e, depois, o sacerdote ou sacerdotisa leva-os a uma pedreira.

À noite, reúnem-se todos os filhos-de-santo e os assistentes que quiserem e que forem autorizados a participar. Dá-se prosseguimento à cerimônia, cantando para todos os bakuros. Quando se canta para os santos do filho que estão recolhidos, a macota ou a mameto n'denge, tata n'denge vai ao roncó por ordem do(a) zelador(a)-de-santo e traz pelo braço o filho, introduzindo-o no salão firmando o cântico do olori e do eleda deste filho. Terminado o xirê todos demonstram alegria e podem felicitar o filho, que está livre desse embaraço.

Axexê

Axexê é o despacho da alma do finado. É um ritual dos povos bantus e é complicadíssimo.

– todos os filhos-de-santo são obrigados a estar de branco; as filhas-de-santo usam também um véu branco. Eles esperam silenciosos, de joelhos ou em um banquinho, ou ainda deitados em uma dicisa. É a melhor forma. A parte sagrada é privativa do abnassá que se realiza o axexe, os de fora não tomam parte ativa.

– na entrada, do lado da porta, coloca-se uma bacia grande, cheia d'água, que no último dia manda-se despachar à beira de uma mata, um bosque ou uma floresta. Essa cerimônia é de três dias.

•Seis garrafas brancas vazias, em duas delas levam três flâmulas das cores do santo do falecido.

• Duas quartinhas, 1 prato branco com abará e acarajé; 1 prato branco com milho branco cozido (matete de milho); 2 pratos brancos: um com farofa amarela para exu, e outro com farinha; 1 copo vazio; 1 montinho de areia; 1 lata com moedas ou notas de pequeno valor, levando no fundo um pouco de areia; algumas moedas espalhadas pelo chão, mais ou menos espaçadas ao derredor da lata; um fogareiro de barro para queimar substâncias aromáticas (incenso, mirra, bejoim), 2 velas.

Durante o cerimonial, os atabaques ficarão mudos. O ritual exige o acompanhamento de dois abanos dobrados, que ora batem na boca, ora batem no bojo dos potes.

Finalmente, dois alguidares cheios d'água e sobre a água duas cuias pretas, flutuando.

A mãe ou pai pequeno coloca os filhos em roda, ficando os potes de bater, dois de um lado e dois do outro. Apossa-se de folhas de palmeira e com elas amarram-se os pulsos de cada filho. Depois, com o pó de pemba de oxalá, faz-se uma cruz na testa, na nuca e no peito de cada filho e ao lado dos olhos de cada um faz-se um ponto branco. Tudo para evitar a possessão de edum, inclusive aquele por alma de quem se está realizando o axexê.

O material no centro do ilê fica coberto por uma toalha branca, e vai sendo descoberto ao poucos pelo sacerdote, conforme vão-se tirando as curimbas para iansã, que é a dona dos eguns.

No centro do terreiro ficam duas velas brancas acesas.

Em primeiro lugar despacha-se exu, cantando-se para ele. A seguir se canta para iansã e manda-se levar o despacho de égum (matete de milho, que é despachado na porta ou na lateral de uma igreja, sobre uma toalha branca com sete velas ao redor). Depois disso leva-se o acarajé de Yansá a um bambuzal, enquanto se fica cantando para os santos do finado. De volta os que foram levar o ebó, fazem-se sete saquinhos de pólvora e se colocam estes saquinhos por fora e a distância do material. Toca-se fogo, cantando para que iansã leve os eguns.

Terminado isso, começa-se o xirê, principiando por ogum e indo até oxalá, que encerra a cerimônia. Enquanto se canta o xirê, a mãe pequena dá uma volta no terreiro com a lata de moedas e cada pessoa deixa cair uma moeda na lata. A quantia recolhida salva o anjo da guarda dos que foram despachar o ebó e o material que sobrou será despachado bem distante, na beira de uma mata ou rio.

Limpa-se o terreiro, salpicando água do mar e varendo com vassourinha-relógio (vassourinha-de-exu) e vassourinha-de-igreja.

N'ginja Delfina de Oxalá
(Delfina Geraldina Almeida Silva)

Nasceu em Martinésia, distrito de Uberlândia, em 13 de setembro de 1929 (nos documentos 1927) e foi iniciada no terreiro espírita-umbandista de São Lázaro (abassá de omolu). Filha de berço kardecista, seu primeiro batismo espiritual foi realizado pelo médium Augusto de Oliveira (1927). Nesse ambiente leu muitas obras e optou pelo kardecismo aos 16 anos. Com 18 anos foi colocada por dois mentores (Pai Juquinha e Adolfo Bezerra de Menezes) no caminho do santo. Logo após foi integrada ao centro espírita "Pai Antônio do Bonfim", em São Paulo, onde deu sua primeira obrigação; teve como zelador Pai Edu Santos (nação angola) e recebeu a missão de ter sua casa em terras paulistas.

Em 11 de janeiro de 1960, retornou a Uberlândia e deu continuidade à sua vida espiritual participando da casa religiosa Tenda do Pai Chico, digirida pelo Sr. Mira. No mesmo ano recebeu orientação para que tivesse em Uberlândia a sua casa; e foi em sua residência que começou as primeiras atividades espirituais, construindo ali um local próprio para atendimento ao público (mais ou menos 500 pessoas semanais). Em 1964 obteve o registro da casa que homenageou com o nome de **Núcleo Espírita Umbandista "Pai Antônio do Bonfim"**.

Após a abertura do centro, conheceu outros espiritualistas que, ao tomarem conhecimento da morte de seu zelador (Pai Edu), orientaram-na a procurar Tata Tancredo, em passagem pela cidade, para dar continuidade às suas obrigações espirituais.

Em junho de 1971, deu sua primeira obrigação de retirada de "**vumbi**". Logo após, em 11 de setembro do mesmo ano, deu entrada ao ronkó, para receber os "axés" do culto omolokô, que já praticava há alguns anos. Sendo assim, passou a pertencer legalmente ao culto e recebeu como zelador tata ti ínkice Tancredo da Silva Pinto, filho d'Óxossi e de suna folketo olorofé, filho de Benedita de Yadouché, neto de açumano sawó adió (tio sani), bisneto de Bacayodé e tataraneto de tio Erepê.

Em consideração aos anos de iniciação, em 1973, mãe Delfina recolheu seu primeiro barco. Logo após, sob orientação de Tata Tancredo, recolheu sua hierarquia, sendo que nessa ocasião todos os seus filhos foram confirmados por tata Tancredo, que culminou com a confirmação do deká de mãe Delfina. A partir daí mãe Delfina recebeu o título de n'Ginja (único em Minas confirmado pelo Tata Tancredo da Silva Pinto) e recolheu inúmeros filhos: mais de 800. Mãe Delfina foi a precursora dos movimentos negros e afro-religiosos na região. Incansável, essa guerreira sempre esteve à frente de todas e quaisquer atividades relacionadas com a religiosidade afro: comandou

178

seminários, trazendo autoridades religiosas do Brasil inteiro para que pudessem nos proporcionar conhecimentos, promoveu debates públicos (rádios, tvs) com políticos, sempre reivindicando o nosso lugar de direito nas decisões e deliberações, ajudou a fundar um órgão municipal de apoio às questões afros: religiosidade, discriminação racial, carnaval, movimentos negros, movimentos culturais etc.

Mãe Delfina era uma visionária, uma mulher além de seu tempo, uma guerreira, um perda irreparável para a religiosidade, para seus filhos, para a cidade. Seu encontro com os bakuros se deu no dia 8 de março de 2000, numa data que para ela era muito representativa: carnaval e dia internacional da mulher.

> Onde você estiver: a benção minha mãe,
> Mukuiu minha zeladora...
> Saudades !!!

Tata Ti Ínkice Gilberto d'Óxossi
(Òdé Karofagi)
Gilberto Antônio Silva

Nasceu em São Paulo, em 26 de setembro de 1957, veio para Uberlândia em 1960 (terra de mãe Delfina – n'Ginja Delfina d'Oxalá, de quem é filho carnal). Deu o primeiro batismo na umbanda com sete anos e aos 14 anos foi recolhido e borizado por mãe Marlene Oxalobi (irmã-de-santo de mãe Delfina) de Belo Horizonte. Em setembro de 1974, Tata Tancredo de Óxossi deu suas obrigações e saiu para o santo: Madé (Óxossi).

Após o falecimento do tata, mãe Delfina passou a cuidar de seu bakuro, confirmando seu cargo de tata ti ínkice do culto lunda-kioko (omolokô) em 1991 e recolhendo sua primeira filha-de-santo em 1992. Neste intervalo, sempre trabalhou em prol da cultura afro e causas religiosas (sempre acompanhou sua mãe nessas questões).

Participou da fundação de várias entidades de luta e divulgação da cultura afro em Uberlândia. Foi membro da primeira comissão organizadora do 1° congresso dos Orixás (1989) – participou da criação da seção afro de Uberlândia (1994). Foi um dos fundadores da Unafro (união dos zeladores de cultos afros de Uberlândia), sendo seu primeiro presidente (1994) – juntamente com mãe Delfina, foi um dos fundadores do Intecab (núcleo de Uberlândia – 1995).

Participou de grupos ligados ao movimento negro de Uberlândia – membro fundador da Coafro (coordenadoria municipal afro-racial – como chefe da seção de eventos, de 2001 a 2003), tendo participado da elaboração do carnaval nesse período. Auxiliou a realização de eventos e seminários relacionados à luta contra a discriminação racial, de gênero e religiosa, debates sobre a implantação do estudo da África nas escolas de Uberlândia; participa do movimento pelas cotas nas universidades. Participou do fórum mundial contra o racismo de discriminação racial – preparatório para o África do Sul – no Rio de Janeiro.

É jornalista e radialista, além de escritor e pesquisador. Atualmente atua junto ao Cenafro (centro nacional de estudos e de políticas de igualdade na educação) do qual é um dos fundadores.

Faz parte da comissão de zeladores dirigentes do núcleo espírita umbandista "Pai Antônio do Bonfim" – Abassá de Oxalá de Uberlândia, que funciona com a seguinte hierarquia:

1°) Mãe Lídia de Nanã – filha de Tancredo

2°) Tata Gilberto d'Óxossi – filho de Tancredo

3°) Tata Ênio d'Oxalá (afastado) – filho de Delfina d'Oxalá.

Galeria de fotos

Tio Paulino, Tata t'Ínkice Tancredo da Silva Pinto e tio Cândido

N'Ginja Delfina e Ogã Waldemar (pais do Tata Gilberto)
– Tata Tancredo, Tata Gilberto
e Kelinha de Omolu

Mãe Delfina e seus filhos

N'Ginja Delfina,
Tata Tancredo e
Tata Gilberto em sua feitura

N'Ginja Delfina e Yá
Dulcineia (Niterói) – saída
de santo de Tata Gilberto

Tata Tancredo e N'Ginja Delfina – saída de santo de Tata Gilberto no abaça de Oxalá

Yá Dulcineia e Tata Nilton de Omolu

Yá Dulcineia, Tata Tancredo, Tata Gilberto,
N'Ginja Delfina e Maria Rosário – saída de santo

N'Ginja Delfina, Tata Gilberto e mameto Lidia na cerimônia do xaxará
(volta dos bakuros) abaça de Oxalá

Tata Gilberto na festa de katiço no abaça de Omolu e Oxum

Mameto Cássia de Obaluaiê e Oxum – festa da cigana marina (omolokô)

Kota Maior Regina de Yapopô na cerimônia de deka no abaça de Omolu

O futuro do omolokô: ogãs Eduardo de Omolu e Yemanjá e Kauê de Xangô

188

Mameto Cássia de Obaluaiê e Oxum na festa da cigana Marina (omolokô)

Tata Gilberto e suas filhas:
Makota Lúcia de Kanjira e Kota Maior Regina de Yapopô

Tata Gilberto, Dofono de Oxossi e pai Claudio de Omolu no abaça de Omolu

Yapopô dançando no xaxará (volta dos bakuros), abaça de Oxalá

Xaxará (volta dos bakuros), abaça de Oxalá

Xaxará (volta dos bakuros), abaça de Oxalá

Mameto Lídia comandando o xaxará (volta dos bakuros), abaça de Oxalá

Kota Maior Elayne de Kianda no xaxará (volta dos bakuros), abaça de Oxalá

Tata Gilberto e esposa Kota Maior Elayne.

Confirmação dos búzios, abaça de Oxalá

Kaviungo, abaça de Oxalá

Saída de jabangurin, abaça de Oxalá

Cerimônia de deká, dança das uaias, abaça de Oxalá

Autoridades: mameto Elisa de Ogun, mameto Dalva de Yemanjá,
mameto Lídia de Nanã e mãe Clerce de Xangô, abaça de Oxalá

Xaxará (volta dos bakuros), abaça de Oxalá

Abaça de Omolu e Naná: Tata Sergio, Kota Maior e mameto Elisa

Abaça de Omolu e Nanã: Tata Sérgio e Tata Gilberto

Abaça de Omolú e Nanã: saída do bakuro Madé (omolokô).

Família omolokô

Família omolokô

Bibliografia:

Revista Orixás especial n° 15 – Editora Minuano

Revista Orixás especial n° 8 – Editora Minuano

Livro: Nos caminhos do omolokô – Tata Gilberto d'Óxossi – Editora Independente

3000 pontos cantados e riscados – Umbanda & candomblé – Editora Eco

Cantando para Orixás – Altair B. Oliveira – Editora Pallas

Candomblé de Angola – José Rodrigues da Costa – Editora Pallas

Omolokô em Minas Gerais – Tancredo da Silva Pinto – Editora Eco

Revista Mironga – edição independente

Camba de Umbanda – Tancredo da Silva Pinto – Editora Espiritualista

Os egbás – Tancredo da Silva Pinto – Editora Eco

Apostilas de ebós e rezas – Tata Gilberto Antônio Silva – manuscrito

Apostila omolokô – mãe Delfina d'Oxalá – manuscrito

Apostila omolokô – obrigações – Tata Gilberto Antônio Silva

As miriongas de umbanda – Byron Torres de Freitas / Tancredo da Silva Pinto – Editora Espiritualista

Dicionário Bantu do Brasil – Nei Lopes – pref. Munic. Rio de Janeiro